KB259880

처음으로 돌아가라

비코의 삶과 사상

필맥

박홍규 지음

처음으로 돌아가라

최근 세계의 여러 전쟁을 기독교도들의 '문명' 세계와 비기독교
도들의 '야만' 세계 간의 충돌, 즉 '문명에 의한 야만의 정복' 이
라고 주장하는 사람들이 많다. 미국 대통령 부시가 대표적인 예
이다. 전쟁에 대한 이런 시각은 어제오늘만의 일이 아니다. 부시
가 이라크 전쟁을 새로운 십자군전쟁이라고 불렀듯이 천 년 전
중세에도 전쟁을 '문명에 의한 야만의 정복' 으로 보는 시각은 존
재했고, 더 거슬러 올라가 기독교와 함께 서양문화의 뿌리로 일
컬어지는 그리스 · 로마 시대도 마찬가지였다.

이런 시각에 따르면 최근 세계의 여러 전쟁은 본질이 서양 '문
명' 과 비서양 '야만' 의 대립이라고 한다. 비서양 야만에는 '공산
주의' 북한도 포함되고, 과거의 모든 공산주의 국가도 포함된다.
미국이 우리를 우방이라고 부르는 이유 중에는 한국이 공산주의
국가가 아니라는 점과 함께 기독교도가 많다는 점이 중요한 요소
일지도 모른다.

전에 기독교 창시자인 예수가 유태인에 의해 배신당했다는 케
케묵고 뻔한 이야기를 소재로 한 〈패션 오브 크라이스트〉라는 영
화가 전 세계에서 상영됐다. 이 영화는 예수를 처형하는 잔혹한
장면이 유태인에 대한 증오심을 불러일으켜, 심지어 이스라엘과

대결하는 아랍권에서도 인기를 끌었다고 한다. 그러나 명색이 종교영화라는 것이 증오에 근거하고, 거리낌 없이 증오의 감정을 불러일으킨다는 점에 유감을 갖지 않을 수 없다. 이 영화의 근저에도 역시 기독교 '문명'과 비기독교 '야만'이라는 도식이 깔려 있는지 모른다.

이러한 도식을 깨뜨리는 일은 쉬운 일이 아니다. 문명과 야만이라는 도식을 깨기 위해서는 기독교를 절대화하거나 다른 종교를 무시하지 말고, 모든 종교를 상대적 가치에 근거해 포용하기 위해 각 종교의 역사를 '처음'부터 돌이켜보는 일이 필요하다. 즉 각 종교의 다양한 역사를 '처음'으로 거슬러 올라가 각 종교 나름대로의 보편성을 확인하는 일이다.

이러한 노력을 한 사람이 18세기 이탈리아 사상가인 잠바티스타 비코(Giambattista Vico, 1668~1774)였다. 그는 하나의 구체적인 역사는 그것이 시작된 '처음'에서 가장 이성적으로, 그리고 보편적으로 이해된다고 생각하고, 언제나 '처음으로 돌아가라'고 주장했다. 그리고 그 '처음'이란 알고 보면 대부분 시시하기 때문에 사람들은 현재의 권력에 대한 두려움에서 벗어나게 된다고 보았다.

여기서 분명히 밝혀두어야 하는 것은 처음으로 돌아가라는 것이 민족의 위대한 과거로 돌아가라거나 순수했던 원시자연이나 절대자유로 돌아가라는 것이 아니라는 점이다. 도리어 초라한 과거나 초기의 거칠었던 자연 또는 억압의 현실을 알게 되면 현재의 공포로부터 벗어날 수 있다고 주장했다. 이런 점에서 그의 주장은 현대문화에 대한 이의제기의 하나였던 19세기의 반동적 낭만주의와는 분명 다르다. 따라서 낭만주의자들이 비코를 자신의 스승으로 모신 것은 분명 착각이었다.

'처음으로 돌아가라' 는 비코의 말은 과거는 아름다웠다거나 민족은 위대했다는 식의 환상을 '이성' 으로 깨뜨리고 그런 환상에서 벗어나라는 뜻이었다. 그런 점에서 비코는 명백히 이성의 민주주의자인 우리 시대 인간상과 통하는 면이 있다. 이 점을 도외시하는 주장은 모두 비코가 건강한 민주주의의 전통 속에 있음을 무시하거나 간과하는 것이다. 우리는 비코가 간직했던 이성에 대한 믿음을 결코 포기할 수 없다.

그러나 동시에 우리는 비코가 이성에 의한 획일화를 배격하고 다원성을 옹호했다는 점과, 이런 비코의 태도는 르네상스의 참된 전통의 맥을 잇고 있다는 점을 염두에 둘 필요가 있다. 즉 이성에 의한 획일화가 자연, 타인, 다른 공동체, 다른 문화 등 모든 타자에 강요되면, 이는 도리어 이성의 종말인 야만을 초래하고, 그것이 권력과 결탁하여 인류의 비극을 낳는다고 비코는 보았다.

비코의 예언은 적중했다. 우리는 서양이 강요한 이성의 획일화가 자신들과 다른 인간, 성, 계급, 민족, 인종의 자유와 자치를 부정하고, 다른 지역의 공동체와 문화에 대한 경멸, 억압, 침략을 초래하며, 마침내 인간 존재의 환경인 자연까지 파괴해온 과정을 익히 보았다. 이것이 바로 지금 우리 시대의 야만이자 비극의 현실이다.

이러한 야만을 극복하기 위해서는 '처음'으로 돌아가야 한다고 비코는 충고했다. 우리는 이러한 비코의 충고에 부합하는 수많은 노력이 역사상 계속돼왔음을 알고 있다. 다른 성에 대한 억압에 대해서는 19세기의 여성운동에서 비롯된 페미니즘이, 미성숙한 아동에 대한 억압에 대해서는 자유교육이, 다른 계급에 대한 억압에 대해서는 아나키즘을 포함한 사회주의가, 다른 민족에 대한 억압에 대해서는 민족주의가, 다른 문화에 대한 억압에 대해서는 다원주의와 문화상대주의가, 자연파괴에 대해서는 생태운동이 이의를 제기했다.

그러나 그 어떤 해방운동이라고 해도 그것이 다시금 타자를 억압하는 새로운 획일화의 권력으로 전환되어서는 안 된다고 비코가 충고한 사실도 잊어서는 안 된다. 그의 충고를 지금의 현실에 비추어 본다면 포스트모더니즘도 모더니즘이 초래한 권력적 획일화에 빠져서는 안 되는 것이다. 가령 페미니즘이 남성에 대한 여성의 우월, 자유교육이 아동의 방종이나 어른에 대한 우월, 사회주의가 부르주아에 대한 프롤레타리아의 우월, 민족주의가 타민족에 대한 자민족의 우월, 다원주의와 문화상대주의가 타문화에 대한 자문화의 우월, 생태운동이 인간에 대한 자연의 우월로 나아가서는 안 되는 것이다.

나는 르네상스의 전통을 잇는 비코의 '처음으로 돌아가라'는 말을 위와 같이 이해했다. 이런 이해에 근거해 나는 그에 대한 글을 《신동아》 2003년 12월호에 쓴 적이 있다. 건강한 르네상스와 그것을 이은 계몽주의를 소개하는 연재글 중 한 편이었는데, 의외로 많은 독자의 편지를 받았다. 편지의 내용은 주로 비코에 대해 좀더 알려달라는 부탁들이었다. 비코가 우리에게 널리 알려지지 않았던 탓이었으리라. 일부의 학위논문, 학술논문, 번역서에서 비코를 어느 정도 다루기는 했지만, 지식인으로서 그의 삶과 학문의 전체상이 '처음으로 돌아가라'는 그의 주장에 근거해 조감되지 못한 아쉬움이 남았다. 그래서 나는 그런 비코의 전체상이 조감되도록 하기 위해 이 책을 썼다. 아울러 이 책은 전문 학자들이 아닌 일반 독자들을 위해 썼음을 밝혀둔다.

나는 오래전부터 우리에게 반드시 알려져야 할 사람이 제대로 알려지지 않은 경우 그를 알리는 것이 지식인의 책임이자 의무라고 생각했다. 그래서 자유, 자치, 자연을 위해 싸운 모리스, 도미에, 페레 같은 사람들을 소개하는 책을 냈다. 그들에 대해 우리나라에서 단행본이 나온 것은 처음일 것이다. 이 책도 그러한 책무의 하나로, 비코를 소개한 단행본으로서는 국내에서 처음으로 쓰고 펴낸다는 점에서 최소한의 의의라도 찾고자 한다. 그러한 책무를 또한 출판인의 책무라고 통감하는 필맥의 이주명 사장이 이 책을 출판해 주는 데 깊이 감사한다.

2005. 11.

박홍규

차례

01

권위를 거부한 지식인

왜 지금 비코인가?

(치명적인 사회적 병폐에 시달리는) 민족은 각 개인이 마치 야수처럼 자신의 특수한 이익만 생각하고 극단적인 방종과 고집에만 집착하는 습관에 빠져 버린다. 단지 머리카락 하나만 한 일에도 혐오감을 느끼고 극단적이라고 할 정도로 격노하며 거칠게 행동한다. 명성과 부가 늘어나도 잔혹한 야수처럼 감정과 욕구에 갇혀 더할 나위 없이 깊은 고독 속에서 살게 된다. 누구나 자신의 쾌락이나 변덕을 쫓기 때문에 단 두 사람 사이에서도 합의를 보지 못하는 경우가 대부분이다. 그리하여 그들은 집요하기 짝이 없는 당파싸움과 절망적인 내란에 휩싸이게 된다. 그로 인해 도시가 황야로 변하고, 인간은 그 황야를 피난처로 삼게 된다.[1]

이 글은 약 300년 전에 살았던 이탈리아 사람 잠바티스타 비코가 《새로운 학문》의 마지막 부분에 쓴 글이다. 그는 당대의 이탈리아, 즉 서양을 위와 같이 묘사하며 이러한 상황을 극복하기 위해 《새로운 학문》을 구상했다. 만일 그의 묘사가 지금 우리에게도 해당되고 우리의 현실을 극복하기 위한 '새로운 학문' 이 필요하다면 비코에 대해 살펴볼 필요가 있으리라.

그런데 아쉽게도 그에 대해 우리나라에 거의 알려진 것이 없다. 이탈리아의 문화사는 약 2천 년 전의 로마나 500~600년 전의 르네상스 정도만 우리에게 알려져 있다. 그 후의 이탈리아 문화란 영국, 프랑스, 독일의 문화에 가려져 관심을 끌지 못했다. 그런 탓인지 비코도 우리에게 거의 알려지지 않았다. 비코는 우리나라뿐만 아니라 유럽에서는 물론이고 자기 나라인 이탈리아에서도 오랫동안 잘 알려지지 않았다. 그는 살았을 때는 물론이고 죽고 나서도 오랫동안 사람들의 관심을 끌지 못했다.

그 이유는 무엇일까? 아마도 그렇게 당대를 야만으로 비판하는 학자는 언제나 당대 예찬에 젖기 마련인 학문세계에서 철저히 무시당하기 때문일 것이다. 우리가 '근대화' 란 미명으로 이상화한 서양 근대를 야만으로 비판한 비코를 서양 근대인이든 현대 한국인이든 받아들이기 어려웠으리라.

비코는 올바른 학문을 하기 위해서는 학자들이 민족 중심주의와 학자 중심주의의 폐단을 극복해야 한다고 주장했다. 따라서 그가 무시된 이유는 어쩌면 그의 대표작인 《새로운 학문》이 민족 중심주의와 학자 중심주의에 의해 무시된 탓인지도 모른다. 아니면 비코가 《새로운 학문》을 통해 이성적 과학의 이름 아래 학문이 여러 분야로 세분화되는 데 대해 저항했다는 점이 현대 학문에서 그를 고의적으로 무시하게 만들었는지도 모른다. 세분화가 더욱 강화된 현대의 학문세계에서 비코와 같은 르네상스적인 전인 또는 종합인이 설 자리를 찾기 힘들었을 것이다. 아니면 그가 학문을 언제나 실천에 결부시킨 지식인이었기에 무시됐는지도 모른다.

마르크스도 조이스도 주목한 비코

비코가 주목을 받기 시작한 것은 죽은 지 1세기도 더 지난 19세기부터였다. 비코가 자신의 시대를 비판한 것과 같이 현대사회에 대해 많은 사람들이 비판을 하기 시작한 때부터 비로소 비코는 관심을 끌기 시작했다. 비코를 주목한 사람들은 무척 많지만 대부분 우리에게는 생소한 사람들이므로 그 명단을 여기서 열거하는 것은 무의미할 것 같다. 그 명단에서 우리가 잘 아는 사람은 19세기의 사상가 카를 마르크스(1818~1883)와 20세기의 소설가 제임스 조이스(1882~1941) 정도일 것이다.

그러나 사회주의 사상가인 마르크스와 난해하기 짝이 없는 '의식의 흐름' 의 소설가라는 조이스가 도대체 서로 어떻게 연결되는가? 어떻게 두 사람을 관련시킬 수 있는가? 적어도 한국에서는 마르크스나 조이스를 말하는 사람들이 두 사람을 함께 거론하는 것을 나는 본 적이 없다. 우리의 서양문화 이해란 그만큼 좁고 얕다.

그런데 두 사람은 비코를 통해 만난다. 아니, 두 사람은 여러 가지 길을 통해 만난다.

마르크스는 비코가 역사에서 사회투쟁을 중시하되 위인은 중시하지 않는다는 점을 발견하고 그를 사회주의자라고 보았다. 지금은 역사학에서 상식이 된 이런 생각이 '사회주의적'임을 굳이 말할 필요도 없지만, 그런 생각을 드러내어 이야기한 마르크스는 아직도 우리 사회에서는 '공공의 적'이다. 2세기도 전인 마르크스 생전에야 그런 생각이 '공공의 적'이었을 수 있지만 이제는 상식인데도 그렇다. 그런데 비코는 4세기 전에 이미 그런 생각을 피력했으니 당대에 무시당한 게 오히려 당연했다.

조이스 역시 비코의 역사관에 공감했다. 그러나 그가 공감한 것은 역사를 사회투쟁에 의한 단선적 발전으로 파악한 마르크스와 달리 비코가 역사를 회귀하는 것으로 보았기 때문이었다. 조이스는 만년의 대작《피네간의 경야(Finnegans Wake)》에서 비코의 역사관이 반영된 독특한 전개양식을 선보였다.

그렇다면 역사를 단선적 발전과정으로 보는 마르크스나 역사를 회귀하는 것으로 보는 조이스 중에 어느 쪽이 비코를 오해한 것인가? 사실은 마르크스도 조이스도 비코를 오해한 것은 아니었다. 비코는 두 사람이 각각 이해한 바를 다 포함한다.

역사를 회귀로 보는 태도는 동양에도 존재했지만 비코는 동양사상에 무지했다고 하는 점에서 보면 비코가 동양적 역사관의 영향을 받은 것으로 볼 수는 없다. 확실히 비코의 순환사관은 동양적 순환사관과는 많이 다르다. 여기서 중요한 것은 19세기 사회주의자인 마르크스나 20세기 소설가인 조이스가 모두 18세기 비코의 문제의식을 공유했다는 점만 확인하고 넘어가자.

비코의 다양한 계승

역사를 순환으로 보는 견해는 역사학자인 오스발트 슈펭글러(1880~1936)나 아널드 토인비(1889~1975)를 들먹이지 않아도 이제는 상식이 됐다. 두 역사학자가 비코의 영향을 받았음은 물론이다.

그러나 비코가 진보적 사상가에게만 영향을 미친 것은 아니다. 예를 들어 마르크스와 같은 시대, 같은 나라 사람으로 비코의 영향을 받은 법학자 프리드리히 카를 폰 사비니(1779~1861)는 보수적인 법학자로서 진보의 대명사인 마르크스와는 극단적으로 대립된다. 사실 대부분의 법학자는 보수적이라고 할 수 있다. 보수적인 법학자 사비니와, 사회주의 사회가 되면 법은 물론 국가조차 사라진다고 말한 진보적인 '법학자' 마르크스에게 비코가 공동의 스승이었다는 점을 어떻게 이해해야 하는가?

사비니는 법이란 역사의 산물이라고 한 비코의 주장에 근거해 역사법학을 창시하고 법의 인위적인 개정에 반대했다. 법의 개정을 요구한 계몽주의자들도 비코의 주장을 그 근거로 삼았으나, 사회가 변했다고 전제한 점에서 사비니와 달랐다. 그렇다면 본질적인 차이는 당대를 어떻게 보았느냐에 있다. 우리에게도 법은 사회가 변함에 따라 개정돼야 하고, 가능한 한 법이 적어야 한다고 보는 것이 이미 상식이 되지 않았을까?

또한 법과 마찬가지로 시도 사회에 따라 달라져야 한다는 비코의 주장에 따라 낭만주의 시인들은 고전주의에 반발했고, 비코의 시적 상상력을 중시했다. 과거를 그리워한 그들은 비코가 말한 역사의 회귀를 믿고 현실을 저주했다. 19세기에는 고전학자들이 《일리아드》와 《오디세이》가 호메로스에 의해 씌어진 게 아니라 구전된 것이 후세에 수정된 것이라고 주장했다. 역사학자들은 로마사란 신화에 불과하다고 주장했다. 그런데 이미 1세기 전에 비코가 그러한 견해를 밝혔음을 알고 그들 19세기 고전학자와 역사학자들은 놀랐다.

마르크스보다 앞서 프랑스 근대역사학의 아버지 쥘 미슐레(1798~1874)는 비코가 위인이 아닌 민중을 역사의 주인공으로 본 점에 주목하고 "나는 비코에게서 태어났다"고 선언했다. 마르크스나 조이스에 더해 미슐레까지 이렇게 선언했다면 서양사람들은 거의 다 "비코에게서 태어났다"고 말할 수 있으리라.

그들만이 아니다. 낭만주의에 반대한 오귀스트 콩트(1798~1857) 등 실증주의자들은 역사 진화의 법칙을 주장한 비코를 스승으로 삼아 사회학을 자연과학처럼 수립하고, 비코의 역사 단계설을 더욱 체계화했다. 아울러 비코의 원시사회론은 찰스 다윈의 진화론을 예견케 하는 것이기도 했다. 그러나 독일의 철학자 빌헬름 딜타이(1833~1911)는 비코가 자연계와 인간계를 구별했음을 근거로 실증주의에 반대했고, 이탈리아의 역사학자인 베네데토 크로체(1866~1952)는 비코를 헤겔주의자로 규정했으며, 독일의 철학자인 에른스트 카시러(1874~1945)는 비코의 영향을 받아 신화와 상징형식의 연구에 몰두했다. 또한 시대가 바뀌면 미의식도 바뀐다는 비코의 주장은 독일의 문화연구가 에리히 아우어바흐(1892~1957) 미학론의 핵심이 됐고, 비코는 현대 미학의 아버지로 받들어졌다. 또한 비코의 자유교육관은 자유교육론의 토대가 됐다.

뿐만 아니라 경제학자 조지프 슘페터(1883~1959)는 비코를 사회과학의 최고 사상가로 추켜세웠다. 나아가 사회주의자 안토니오 그람시(1891~1937)나 프랑크푸르트 학파의 막스 호르크하이머(1895~1973)가 인간은 역사의 산물이지 단지 자연적 본성만 갖는 존재가 아니라고 한 말 역시 비코에서 비롯된 것이다. 또한 미개인에 대한 비코의 관심은 클로드 레비스트로스(1908~1991)의 인류학에서, 유아의 언어와 사고에 대한 비코의 관심은 피아제(1896~1980)의 발달심리학과 구성주의에서, 지력과 사고방식에 대한 비코의 관심은 사회인류학과 사회사에서 각각 중시됐다.

이처럼 비코는 진보와 보수, 법학자와 혁명가만이 아니라, 여러 시인, 소설가, 문학자, 비평가, 미학자, 철학자, 역사가, 사회학자, 경제학자, 지리학자, 심리학자에게 공동의 스승이 돼왔다. 심지어 그는 역사철학과 사회학의 창시자이자 프래그머티즘, 역사주의, 실존주의, 구조주의, 더 나아가 다원주의와 반식민지주의의 선구자로도 꼽힌다. 최근 주목되는 다원주의의 이사야 벌린 (1909~1997)이나 반식민주의의 에드워드 사이드(1935~2003)도 비코를 각각 자신의 영웅으로 받들었다.

이 정도라면 비코를 서양 근대사상의 핵심이라느니, 그를 이해하지 못하면 서양 근대를 이해하지 못한다느니 하며 떠벌릴 것까지는 없겠지만, 서양문화를 이해하는 데 그에 대한 이해가 중요한 것은 분명해진다. 어쩌면 우리에게는 대단히 혼란스럽게 보이는 다양한 서양 사상들의 뿌리를 찾고, 그 혼란을 하나로 정리하는 데 비코에 대한 이해가 중요한 이정표가 될지도 모른다. 더 나아가 서양 고대부터 중세에 이르는 다양한 사상들이 비코에서 결집되고 그로부터 다시 다양한 근대사상이 퍼져나갔음이 발견될지도 모른다.

그러나 비코가 우리에게 중요한 이유는 무엇보다도 이 시대를 살아가는 우리들에게 자성(自省)의 기회를 준다는 점이다. 또한 지금 우리가 처해 있는 상황에서 우리가 가야할 방향을 선명하게 제시해주고 있다는 점이다. 여기서 우리의 현실에 대한 비판을 전개할 필요가 있겠으나 장황할 수 있으니 그만두고, 조금은 엉뚱할지 모르지만 최근 어느 신문에 난 추도 기사를 읽으며 떠오른 단상들로 우리 현실에 대한 설명을 갈음하고자 한다.

18세기 이탈리아와 21세기 한국

2004년 2월 27일, 미국의 마르크스주의 경제학자 폴 스위지가 타계했다. 비코를 사회과학의 최고 사상가로 추앙했던 슘페터의 제자인 그는 소위 정통 마르크스주의자는 아니었고, 역시 마르크스주의자가 아닌 슘페터가 하버드 교수직을 그에게 기꺼이 물려주려고 했음에도 결국은 자리를 얻지 못해 평생 대학 밖의 마르크스주의자로 살았다.

그런 스위지를 추념하는 기사가 우리나라 언론에도 보도된 것을 보고 나는 놀랐다. 심지어 한 신문에는 그에 대한 추도사가 며칠 사이에 세 번이나 실렸다. 아마 우리나라 신문에, 별로 유명하지도 않고 게다가 마르크스주의자인 사람에 대한 추도사가 세 번이나 연거푸 실린 사례는 그 전에도 없었고 그 후에도 다시 없으리라.

그런데 그 마지막 추도사에서 글쓴이가 스위지의 생애를 회고하고서 마지막에 별안간 진보든 보수든 '진짜'여야 한다고 쓴 것을 보고 나는 무척 놀랐다. 적어도 본문의 전후 문맥으로 보면 '진짜'라고 함은 스위지가 평생 마르크스주의자로 살았다는 점을 가리키는 것처럼 보인다. 따라서 한때 마르크스주의자를 자처한 사람들이 언제부터인가 다른 주의자나 다른 사람으로 바뀐 것은 '가짜'라고 하는 모양이다.

나 역시 스위지를 좋아하고 그의 죽음을 애도한다. 마르크스주의자가 지극히 적은 미국에서 어쩌면 그가 마지막 마르크스주의자였는지 모른다는 생각에서 더욱 그렇다. 그래도 스위지의 이름으로 미국 마르크스주의가 명맥이라도 유지했는데 이제 그를 이

을만한 사람이 누가 있을까 하는 걱정이 들기도 한다.

인간의 사상은 변할 수 있다. 대부분의 사람이 그러했다. 스위지도 처음부터 마르크스주의자였던 것이 아니었고, 마르크스주의자로서도 여러 번 변했다. 가령 모택동을 지지했다가도 문화혁명을 비판했음은 위에서 거론한 추도사도 밝히고 있다. 그의 마르크스주의 자체가 정통 마르크스주의였던 것도 아니다. 정통의 입장에서 보면 그는 분명 이단자였다. 심지어 마르크스 자신조차 많은 변화를 거쳤다.

정통 마르크스주의자로 살기는 물론 흔히 말하는 진보주의자로 살기도 어려운 우리나라에서는 특히 한때 마르크스주의자였던 사람이 돌아서는 것이 별로 문제가 안 된다고 나는 생각한다. 나 자신을 변호하는 것이 결코 아니다. 나는 지금까지 단 한 번도 마르크스주의자를 자처하거나 타인에 의해 그렇게 불린 적이 없다. 그러나 마르크스주의자가 이 나라 이 시대에 당당히 살 수 있어야 한다고 나는 변함없이 믿고 있다.

그렇지만 현실은 과연 어떠한가? 재독 사회학자인 송두율 교수가 구속되는 이 나라의 상황에서 진보가 존재할 수 있는가? 진보가 '진짜' 이기는커녕 존재할 수조차 없는 것이 아닌가? 이런 상황에서 누가 '진짜' 진보, '가짜' 진보를 운운할 수 있는가? 나는 우리나라에서 사상의 변절을 문제 삼아 진짜와 가짜를 구분짓는 것은 무의미한 일이라고 본다. 사상은 변한다. 물론 변하지 않는 것도 좋다. 그러나 이유가 있어 변하는 것이야 무슨 잘못이 있으랴. 주의주의는 어떤 하나의 주의가 절대라고 믿는 주의다. 그러나 우리가 사는 세상은 불확실하기 짝이 없다. 따라서 하나의 주의를 주장하기 전에 우리는 다른 주의가 존재하는 것에 너그러워질 필요가 있다. 많은 주의의 공존 속에서 살아가는 지혜를 배울 필요가 있다. 현실은 언제나 주의에 앞서간다.

여기서 굳이 이런 이야기를 꺼낸 이유는 비코가 살았던 18세기 이탈리아와 우리가 사는 21세기 한국의 지적 풍토가 그다지 다르지 않다고 느껴진 탓이다. 18세기 이탈리아는 가톨릭이 지배하는 세상이었다. 성경이 절대적 권위를 누리고 있었고 그것에 배치되는 생각은 종교재판에 회부됐다. 지금 우리에게는 국가보안법을 비롯한 사상통제의 법이 바로 성경이다. 그것에 배치되면 처벌을 받는다.

비코는 23세에 친구들이 가톨릭의 공식 입장에 배치되는 학설을 믿었다는 죄명으로 고발당하는 것을 목격하고 엄청난 충격을 받았다. 이미 그 전부터 그런 사건은 부지기수였다. 갈릴레이가 재판을 받았던 일이 그와 같은 경우이다. 그래서 비코는 25세에 쓴 시에서 당대를 "퇴폐를 향한 철의 시대"라고 묘사했으리라. 그리고 죽음을 앞둔 나이에도 이 책 머리말에서 인용한 것처럼 당대의 묘사를 그렇게도 절망적으로 나타냈으리라.

그는 평생 언제나 자기 사상을 스스로 검열해야 했을 것이다. 조금이라도 의심받을 말은 하지도 쓰지도 말아야 하고, 그런 내용의 책은 갖고 있지도 못했을 것이다. 아니 모든 책은 사전에 종교법원에서 검열을 했고 그곳에서 금지하지 않은 책을 구하려고 해도 사전 허가를 받아야 했으니 사실상 책을 읽는 것조차 힘들었을 것이다. 그리고 책을 쓸 때는 검열에 걸리지 않게 행간마다 기독교 신을 찬양하는 헛소리를 집어넣어야 했을 것이다.

게다가 그가 산 나폴리는 우리가 알듯이 아름다운 곳이기는 했으나, 이민족의 지배를 받는 식민지였다. 이민족과 그들에게 빌붙은 이탈리아인 귀족들이 다스리는 곳에서 평민 출신인 그가 교수가 된 것은 사실 기적이었다. 그러나 명색이 교수이지 최하층 노동자와 다름없는 비참한 생활을 했다.

그런 현실에서 비코는 정말 어렵게 학문을 했다. 그 어려운 여건 속에서도 학문의 역사에서 가장 독창적인 견해를 만들어내었다. 그것도 어느 한 가지 전문분야에서가 아니라 모든 학문 분야에서 그러했다. 어떻게 그것이 가능했을까? 오직 한 방향으로만 생각하도록 강요하는, 사상의 자유가 없는 사막 같은 불모지에서 어떻게 그것이 가능했을까?

비코를 읽다보면 그가 학자라기보다는 시인이라는 생각을 하게 된다. 이 책에서는 학자로서의 비코를 살펴볼 예정이지만 사실 그는 시인이었다고 해도 틀린 말은 아니다. 그러나 어쩌면 그가 시인이어서가 아니라 가난한 자가 아름다운 빵을 꿈꾸듯이 극단적인 빈곤이 무한한 시적 상상력을 낳은 것이 아닌가 하는 생각이 든다. 그러나 시적 상상력도 현실에 근거하지 않았더라면 무의미한 말장난에 그쳤을 텐데 그는 무한히 투명한 눈으로 현실을 관찰했다. 적어도 그는 비뚤어지지 않았다.

그러나 그는 비뚤어질 정도로 불행했다. 가난만이 아니다. 그 자신 평생 깡마른 절름발이로 살았고, 아내는 너무나 열등했으며, 맏아들은 어려서부터 범죄자였고, 셋째 딸은 태어나면서부터 불구였다. 그러나 그는 그들을 끔찍이도 사랑했다. 그의 책을 보면 아이들에 대한 사랑으로부터 그가 인류의 역사를 새로이 구상했다는 느낌을 갖게 한다. 그의 눈은 아이들의 눈처럼 너무나도 맑았다. 내가 비코의 메시지로 꼽는 '처음으로 돌아가라'는 말은 그야말로 동심으로 돌아가라는 것이기도 하다.

무엇이 그를 이토록 투명하게 했을까? 무엇이 그를 비뚤어지지 않게 했을까? 그가 그렇게도 불행한 탓이었는지 모르지만 적어도 그는 어떤 헛된 자부심도 갖지 않았다. 그는 진리의 탐구자임을 자부하는 학자의 자부심도, 역사의 선구자임을 자부하는 민족의 자부심도 철저히 배격했다. 그렇기에 나는 그가 진실한 학자라고 생각한다.

그는 그런 자부심을 갖기조차 힘든 더러운 시대를 살았고, 그 정체를 똑똑히 보았으나, 그 시대에 직접 저항하지는 않았다. 그는 종교나 정치에 대해 직접 관련되기는커녕 항상 일정한 거리를 두었기에 애매한 태도를 취한 것처럼 보였다. 그러나 학문적으로는 분명히 성경을 하나의 지역사로 다루었고, 귀족이 민중을 인간으로 취급하지 않는 것에 반발하여 위인이 아니라 민중의 지혜가 역사에 미치는 영향을 강조했다.

따라서 봉건적 성직자와 귀족의 특권 폐지를 주장한 후세 사람들이 그를 찬양하고 마르크스가 그를 마르크스주의자로 부른 것이었다. 그러나 그는 저 창백한 교조적 마르크스주의와도 다르고 그 외의 어떤 교조주의자와도 다르다. 아니 그에게는 어떤 교조도 주의도 없다. 비코를 읽다보면 그는 중용의 천재이고 중도의 달인이며 서로 대립하는 두 가지를 언제나 감싸 안는 기막힌 재주를 가진 사람이라고 생각하게 된다. 그것은 비겁을 뜻하는 것이 아니라 종합을 뜻한다.

나는 그 이야기를 하고자 이 책을 쓴다. 그러나 그런 기적의 비밀을 밝힐 재주가 나에게는 없다. 내가 이야기할 수 있는 것은 하나의 역설에 불과하다. 사상의 자유가 없고, 억압받고 가난한 땅에서 참된 사상이 꽃필 수도 있다는 하나의 역설에 불과하다. 사상의 자유를 비롯해 정신과 물질의 풍요가 모두 갖춰진 곳에서만 위대한 사상이 꽃필 수 있다고 믿는 사람들에게 예외를 제시해보이려는 것에 불과하다. 그렇다고 해서 그런 악조건 속에서도 위대한 사색을 한 비코를 보며 우리 자신을 자학할 필요는 조금도 없다.

그러나 우리도 현실을 탓하기 전에 사색을 계속해야 한다는 것은 의심할 수 없는 사실이다. 나는 우리의 비코를 기대한다. 비코처럼 그 타고난 불행을 극복하여 투명한 눈의 삐뚤어지지 않은 순수함으로 보수와 진보를 다 감싸 안는 커다란 가슴의 학자를 대망한다. 어차피 더러운 현실에 대해 그리 애달파하지 말라. 도리어 먼 미래를 바라보고 그 꿈을 그려라. 그래서 나는 20세기에 비코를 본받아 비코처럼 불행 속에서도 위대한 학자가 된 사이드가 본 비코를 소개하고자 한다.

사이드가 말하는 참된 지식인 비코

또 죽은 사람 얘기를 하게 돼 안됐지만, 《오리엔탈리즘》의 저자 사이드가 2003년 9월 25일 타계했다는 사실도 언급하지 않을 수 없다. 그 역시 하버드 출신이었음에도 불구하고 무슨 이유에서인지 스위지처럼 우리 언론에 화려하게 보도되지는 않았다. 나는 《오리엔탈리즘》의 번역자이자 오랫동안 그에게 사숙한 제자로서 그의 죽음을 애도한다. 내가 《오리엔탈리즘》을 번역한 이후 그가 우리나라에 본격적으로 소개됐기에 더욱 그렇다. 사실 나에게 사이드는 가장 존경하는 스승이었고, 《오리엔탈리즘》은 가장 충격적인 책이었다. 단 한 권의 책을 누구에게 권하는 경우에 반드시 이 책을 꼽는다.

그런데 사이드에게도 위대한 스승이 있었다. 바로 18세기 이탈리아 사상가 비코였다. 사이드는 1975년의 《시작-의도와 방법》[2]이라는 책에서부터 비코를 다루었고 1983년의 《세계, 텍스트, 비평가》[3]에서는 한 장을 비코에 대해 썼으며, 1993년의 《지식인의 대변》[4]에서는 비코를 그 자신의 오랜 영웅이라고 불렀다. 2003년 죽기까지도 그가 비코를 자신의 스승으로 여겼다는 것은 그가 죽

기 직전에 쓴 《오리엔탈리즘》의 2003년 서문을 보아도 알 수 있
다. 또 1995년 바렌보임과 대화한 내용을 담은 《평행과 역설》에
도 다음과 같은 내용이 있다.

가령 어떤 수필가가 쓴 책을 집었다고 합시다. 내가 받아들일 태도만
되어 있다면 나를 감동시키고, 나에게 영감을 불어넣어 주고, 정신을
타오르게 하고, 지적으로 흥분시키는 것은 그 책에 담긴 새로운 정보
가 아니라 거기 사용된 언어들을 통해 느낄 수 있는 어떤 정신 즉, 새
로운 발견입니다. 그리고 책을 읽어가면서 갑자기 우리에게 독창적
으로, 또는 중요하고 의미심장하게 와 닿는 어떤 것입니다.
아마 내가 스물두 살이나 스물세 살 때였을 것입니다. 나는 잠바티스
타 비코의 《새로운 학문》을 처음 읽었어요. 그 책은 너무나 특이한 것
이었습니다. 엄청나게 낡은데다 작가의 스타일조차 난해하기 그지없
었지만 나는 그 책에서 큰 영향을 받았습니다. 그 책은 18세기 나폴리
의 잘 알려지지 않은 철학자이자 수사학자가 쓴 것이긴 하지만, 역사
와 세계에 대한 저자의 환상적이고 독창적인 태도는 지금까지도 나에
게 강한 이미지를 남겨주고 있습니다. 그는 언제나 인간이 자기 자신
의 역사를 만들었기 때문에 역사를 이해할 수도 있다는 점에 대해 이
야기했습니다.[5]

그런데 나에게는 사이드가 비코를 지식인의 표상으로 부른 점
이 가장 감동적이다. 앞에서도 말했듯이 비코는 생전에 거의 무

명에 가까웠고 심지어 오해를 받았으며 질병과 빈곤 속에서 죽었다. 그래서 비코 자신이 스스로를 '자신의 조국에 사는 이방인'이라고 불렀다. 말하자면 아웃사이더였다. 사이드는 이러한 비코적 지식인상을 지식인의 참된 모습이라고 말한다.

사이드는 영국의 식민지였던 팔레스타인의 예루살렘에서 1935년에 태어났으나 1947년 그 땅에 이스라엘이 들어서자 이집트를 거쳐 미국에 망명했다. 그는 《지식인의 대변》에서 자신과 같은 망명 지식인의 문제를 다뤘다. 그에 의하면 망명 지식인이란 과거의 환경에서 완전히 벗어나지도 못하고 새로운 환경에 완전히 적응하지도 못하는 중간 상태에 놓인 존재이다. 망명 지식인은 한편으로는 향수와 감상에 젖어 있고 다른 한편으로는 교묘한 모방자가 되거나 사람들의 눈을 피해 부랑자로 산다고 말한다. 여기서 새로운 환경에 완전히 적응하여 성공한 '교묘한 모방자'는 사이드가 말하는 참된 지식인이 아니다. 그가 말하는 지식인은 부랑자, 즉 주류에서 제외되어 저항자로 살아가는 지식인들이다.

이러한 주류에서 제외된 저항적인 부랑자 지식인은 반드시 망명 지식인만이 아니라 어느 사회에나 있다. 사이드가 비코를 자신의 스승으로 받든 이유는 비코가 바로 그런 지식인의 전형이었기 때문이다. 망명은커녕 평생을 나폴리에서 산 비코는 그가 살았던 18세기 이탈리아 사회에서 고독한 한계인 또는 경계인이었다. 그런 경계인이었기 때문에 비코가 당대 주류의 믿음이었던 신의 창조와 절대를 믿지 않고, 인간들의 행위와 선택의 결과로 역사와 현실을 인식할 수 있었다고 사이드는 보았다. 이를 사이드는 다음과 같이 말한다.

이러한 종류의 지적 입장을 취한 지식인의 위대한 원형은 18세기 이탈리아 철학자 잠바티스타 비코이다. 그는 나의 오랜 영웅이라고 할 수 있는 인물이다. 비코의 위대한 발견은 부분적으로 나폴리의 무명교수, 생활의 빈곤, 교회와 주위와의 알력으로 인한 고독으로부터 생겨났다고 해도 과언이 아니다. 그의 위대한 발견에 의하면 사회 현실의 올바른 이해 방식은 그것을 그 시작의 지점에서 생긴 하나의 과정으로 이해하는 것이다. 그 시작을 탐색해 보면 그것이 지극히 초라한 것이었음을 알 수 있다. 그의 위대한 저서 《새로운 학문》에서 비코는 이 점에 대해 마치 성인이 말도 하지 못하는 아기로부터 진화했듯이, 사물도 특정한 시점에서 진화하고 있는 것으로 보아야 한다고 말했다.

이것이야말로 세속적인 세계에 관하여 취할 수 있는 유일한 관점이라고 비코는 역설한다. 이 세계는 그 자체의 법칙과 과정을 갖는 역사적 세계이지 신에 의해 정해진 세계가 아니라고 하는 점을 비코는 되풀이해 강조한다. 이렇게 본다는 것은 즉 인간 사회를 숭배하는 것이 아니라 주의깊게 관찰한다는 것이다. 가장 막강한 권력을 그 시작으로 되돌려 놓고, 그것이 어디로 향하는지를 살펴보는 것이다. 그렇게 하면 대단한 인물이나 거창한 제도도 두려워하지 않게 된다. 권력자나 제도가 자주 침묵과 압도적인 복종을 강제할 수 있는 대상은 그 나라에서 태어나 자란 사람뿐이다. 왜냐하면 그들은 거대한 권력을 언제나 숭고하게만 보고(그래서 숭배한다) 그것이 비롯된 필연적이고 초라한 처음의 '인간적인' 모습을 보지 못하기 때문이다. 따라서 망명 지식인은 필연적으로 해학적이고 회의적이며 심지어 유희적이기까지 하다—비록 냉소적이지는 않다고 해도.[6]

내가 이 책의 제목으로 붙인 '처음으로 돌아가라'를 강조한 이러한 사이드의 지적은 그다지 새로운 해석이 아니다. 그러나 사이드가 그런 해석을 내리게 된 문제의식이 참신하다. 즉 사이드는 지식인이 부딪히는 두 가지 권력의 유혹을 경계한다. 하나는 그 자신의 출생, 국적, 직업 등에 의해 구속되는 문화이다. 다른 하나는 사회적·정치적 확신, 경제적·역사적 환경, 자발적인 노력과 자신의 의지에 따른 결단에 의해 획득되는 체계이다.

사이드는 비코의 시대에도 그러한 문화와 체계의 양면에서 그 시대의 요구가 강요되는 것을 비코가 알았고, 따라서 그러한 압력에 저항하며 평생을 살았다고 지적했다.[7] 즉 비코는 사이드가 말하는 그런 압력에 저항한 참된 지식인의 전형이었다.

국가와 전통을 떠나 권력을 비판하는 지식인

사이드는 지식인이 비코처럼 국가와 전통을 떠나서 활동하고 존재해야 한다고 주장한다. 이는 전통적으로 지식인의 역할이 국가나 전통에 대한 책임을 갖는 것으로 간주되어온 것에 대한 비판이다. 즉 사이드는 국가와 전통에 얽매인 집단적 사고가 지식인에게 의문을 제기하고 회의를 품는 개별적인 정신을 갖지 못하게 한다고 비판한다.

사이드는 국가나 전통이 자연이나 신에 의해 부여된 실체가 아니라, 투쟁과 정복의 역사를 통해 만들어진 창조물이라는 것을 지식인이 보여주어야 한다고 주장한다.[8] 이는 바로 앞에서 본 비코의 역사관에 사이드가 입각하고 있음을 보여준다. 또한 사이드는 그런 현대 지식인으로서 촘스키, 비달, 울프를 예로 든다.

현실적으로 지식인 중에는 승리자나 지배자에게 편리한 안정 상태를 유지하는 편에 서는 사람들이 많다. 그러나 그러한 안정 상태가 그와 같은 상태의 혜택을 입지 못하는 불운한 자들에게 절멸의 위기를 초래할 위험한 것이라는 점을 일깨워주는 지식인들이야말로 진정한 지식인이라고 할 수 있다. 이런 사람들이 사이드가 말하는 진정한 지식인이지만 현실에서 다수의 지식인들은 승리자나 지배자의 편에 선다는 점이 문제이다.

지식인에게는 자신이 속한 인민의 집단적 고난을 대변하고, 그 고난을 증언하며, 지금도 여전히 남아 있는 시련의 상처를 끝없이 환기하고, 기억을 갱신한다고 하는 엄청나게 중요한 책무가 있다고 사이드는 주장한다. 이에 더하여, 지식인이 위기를 보편적인 것으로 보고, 특정한 인종이나 민족이 겪는 고난을 인류 전체와 관련짓고, 그 고난을 다른 고난의 경험과 결합시켜야 한다고 그는 주장한다.

따라서 사이드는 권력에 봉사하고 권력으로부터 보상을 받는 전문가는, 비판적 입장에서 분석하고 독립적인 정신으로 판단을 내려야 하는 지식인들과는 전혀 다른 속성을 갖는다고 주장한다. 그리고 지식인이 상대적으로 독립성을 유지하기 위해서는 비전문가가 되어야 한다고 주장한다. 지식인의 글이 전문가에 의해 통제되는 내부 영역을 넘어 광범한 불특정 다수의 수용자에게 읽혀지게 되면 그의 글은 수용자의 반응을 예측할 수 없게 된다. 이것은 공적인 영역의 위험성이나 불확실성에 자신을 노출시키는 것을 뜻한다.

사이드는 지식인에게 가장 중요한 것이 보편성을 갖는 일이라고 강조한다. 그는 지식인의 세계에서 자국 문화 중심의 태도가 나타나고 있는 것을 경계한다. 지식인은 자기 나라의 정체성, 문화, 사회, 역사의 실재를 어떻게 다른 나라의 정체성, 문화, 인민과 조화시킬 수 있는가 하는 점을 깊이 고려해야 한다고 사이드는 주장한다. 그러므로 '우리' 문화의 영광이나 '우리' 역사의 승리에 대한 과대 선전은 지식인이 해야 할 일이 아니다. 그 보기로 사이드는 최근 이슬람을 둘러싼 미국 지식인의 애국주의를 지적한다.

사이드는 지식인이 권력에 아첨하여 타락하는 극도로 편향된 전문가적 입장이 아니라, 원칙을 존중하고 권력에 대해 진실을 말할 수 있는 보편주의적 입장에 서야 한다고 주장한다. 그리고 그러한 보편성은 국제사회 전체에 의해 이미 집단적으로 용인된

문서에 기록된 동일한 행동의 기준과 규범에 의해 검증받을 수 있다고 말한다. 그 중요한 보기가 1948년의 세계인권선언을 비롯한 여러 국제인권규범들이라고 사이드는 말한다.

현대사회와 같은 대중사회에서 진실을 말한다고 하는 것은 이미 알려진 도덕적 원칙들, 즉 평화, 화해, 고통의 경감 같은 것들에 더욱 가깝게 다가서려는 노력과 같은 것이다. 그런데 회피하기 좋아하는 지식인의 습성 때문에 지식인들이 이러한 노력들을 흔히 회피하는 것이 그들의 가장 큰 문제점이다.

사이드의 비코관 – 처음으로 돌아가라

비코는 《새로운 학문》에서 섭리의 정신에 대해 언급했다. 인간들이 여러 민족들의 세계를 만들었지만, 그것은 사실 섭리의 정신이 만들어낸 세계라는 것이다. 섭리의 정신은 인간이 설정한 의도와 다른 목표를 지니며 그 목표는 때로 인간의 의도와 모순 되기도 한다. 섭리는 항상 인간이 설정한 특수한 목적을 뛰어넘는 차원 높은 목표를 가지고 있다. 지상에 인류를 보존하기 위해 섭리는 인간이 설정한 한정된 목표를 더욱 위대한 목적을 위한 수단으로 언제나 사용한다고 말한다.

그러나 한편 비코는 야만적인 욕정을 채우는 것밖에 생각하지 못하는 원시인이 정숙한 결혼생활을 하게 되어 가족제도를 만들어내는 것을 비롯해, 도시의 발생, 민주적 자유의 발생 등 인간이 이룩한 모든 것이 지성에 의해 이루어진 것이지 운명에 의한 것도 우연에 의한 것도 아니고, 인간의 선택에 의한 것이라고 주장한다.[9] 이러한 비코의 주장에 대해 보통은 '신의 섭리'를 찬양한 것의 전제로 이해되어 왔으나, 사이드는 이를 부정하고 도리어 인간의 '시작'이 신의 질서로부터 벗어난 곳에서 이루어진 것이라고 말한 것으로 해석했다.

사이드는 비코가《새로운 학문》에서 제시한 114개 공리 중에서 가장 중심적인 공리로 106번 공리를 든다. "학설은 그것이 취급하는 소재가 시작되는 곳에서 시작되어야 한다"는 것이 106번 공리의 내용이다.[10] 이 공리는 사이드가 1975년에 낸《시작—의도와 방법》의 서두에 인용되어 그 책의 기본 논제로 자리 잡고 있다. 사이드는 비코를 '시작에 관한 최초의 철학자'라고 했다. 시작이란 그만큼 비코나 사이드에게 중요한 개념이다.

그러나 사이드가 비코를 '시작에 관한 최초의 철학자'라고 부른 것은 비코가 시작이라고 하는 문제에 대한 최초의 성찰을 한 철학자였기 때문이 아니다. 비코를 그렇게 부른 것은 인간은 누구나 각각 시작을 만들고, 나아가 그들 각자가 언제나 최초의 사람이라는 것을 비코가 인식했다고 하는 의미에서라고 사이드는 말한다. 이러한 '시작'을 비코는 이교성(異敎性)이라고 부르고 기독교적인 의미의 '근원' 또는 '근본'에 대립시킨다.

이러한 시작과 근원의 구별은 사이드 사상의 핵심이자 비코 사상의 핵심이다. 여기서 시작이란 속세적인 것으로서 인간이 만들어내는 것이자 끝없이 고쳐지는 것이나, 근원이란 성스럽고 신화

적이며 특권적인 것이다. 비코나 사이드, 나아가 푸코나 데리다
는 근원에서 출발하는 직선적인 역사관을 부정하고, 인간의 분열
된 존재성, 주체의 상실, 존재의 불연속성, 우발성 등과 같은 부정
적인 현상을 존중한다. 즉 탈중심화라는 의지에 입각한 분산, 인
접성, 상보성과 같은 발상이 나타난다.

이는 '근원' 에서 그 생명과 활력을 부여받는 전통 종교로부터
의 이탈, 서양 중심의 압제적인 오리엔탈리즘의 해체, 제국주의
문화의 붕괴를 가능하게 하고, 그로부터 새로운 시작을 하고자
하는 희망을 품게 한다. 그것이 바로 사이드의 《오리엔탈리즘》의
핵심 논지이기도 했다.

비코는 106번 공리를 '여러 국민의 공통된 자연 본성에 대한 새
로운 학문' 의 공리로 삼기 위해 서술한다고 말한다. 그런데 1권 4
부 '방법' 에서 비코는 그러한 '시작' 을 탐구하려면 원시인들이
처음으로 인간적인 사고를 시작한 시점을 논의의 출발점으로 삼
아야 하나, 흉악하고 폭력적이며 끝없는 야수적 자유 상태에 있
었던 원시인들을 재현하는 것은 너무 어려워 그것만으로도 20년
의 연구기간이 필요했다고 말한다. 이어 비코는 그러한 원시 상
태를 구체적으로 그려내기는 거의 불가능하고, 우리는 단지 이해
할 수 있을 뿐이라고 말한다.[11]

한편 공리 24에서 비코는 고대세계가 히브리인과 이교도로 양
분된 점에 대하여 진실한 신에 의해 창건된 히브리 종교에서는
신점(神占)이 금지된 반면, 이교도의 경우에는 신점이 문명화와

국가생활의 길에 들어서는 토대를 형성했다고 하며 그 차이를 지적한다.[12]

이 두 가지 비코의 공리를 두고 사이드는 다음과 같이 해석한다. 먼저 공리 106에서는 인간의 지성이 감각, 상상력, 오성적 판단력 사이에서 상반된 관계를 형성하면서 단계적으로 발전했다는 이해의 역설을 깨달았고, 동시에 그 역설의 필연적인 귀결로서 현대인이 인류의 '시작'에서 논의를 시작하는 것이 불가능함을 비코가 깊이 깨달았다고 지적한다.

이어 공리 24에서는 인류의 '시작'에서 시작하는 것은 단지 현대 문명시대에 사는 철학자의 경우만이 아니라, 원시 미개인(그들을 비코는 '최초의 인간'이라고 불렀다)에게도 불가능하다는 사실, 그리고 다른 한편으로 그들 '최초의 인간'에게는 바로 '이교도라는 것'의 가능성, 즉 히브리적이고 신적인 것인 '근원'으로부터 단절된 곳에서 스스로의 '시작'을 끝없이 새롭게 역사 발생적으로 만들어낼 가능성이 열려 있었다는 사실에 대하여 깊은 통찰력을 보여주었다고 사이드는 말한다. 이러한 '시작'의 이교도성은 기독교라고 하는 중심에서 벗어날 수 있는 가능성을 말하는 것으로 사이드는 주목한다.

여기서 우리는 비코의 본령이 법학이었다는 점, 특히 그가 당대까지의 주류 법학이었던 자연법론을 비판했던 점에 주목할 필요가 있다. 그는 자연법론이 인간 본성의 불변성과 보편성을 가정했다고 비판하고 "본성은 '발생'이다"라는 주장을 한다. 비코에 의하면 본성의 참된 법칙은 철학자들이 말하는 자연법도, 일련의 보편적 규칙도 아니다. 즉 참된 법이란 특정한 사회 환경에서 새로운 생활방식의 표현으로 발생하며 그것은 결국 '여러 민족의 자연법'을 낳는다고 비코는 보았다.[13] 그리고 '여러 민족의 자연법'은 그 여러 민족이 만드는 것이라고 보았다. 즉 모든 민족은 그들의 자연법을 창조한다는 것이다. 그리고 그러한 자연법에서 보편성을 찾을 수 있다고 비코는 보았다. 그것이 비코의 법학이고 사회과학이었다.

인접한 복수 관계의 논리

다시 사이드에 따라 《새로운 학문》의 중간으로 되돌아가 보자. 비코는 2권 '시적 지혜' 2부 '시적 논리학'에서 로마어의 노멘(nomen)이란 '법'을 뜻하고 그것과 발음이 유사한 그리스어의 노모스(nomos)도 법을 뜻하는데, 그 말에서 '화폐'를 뜻하는 노미스마(nomisma)가 나오고, 라틴어의 화폐를 뜻하는 누무스(nummus)가 나왔다고 한다. 마찬가지로 프랑스어에서 법을 뜻하는 것이 루아(loi)이고 화폐를 뜻하는 것이 알루아(aloi)라고 한다. 그리고 이탈리아에서 중세의 교회법을 뜻하는 카논(canon)은 동시에 지대(地代)를 뜻한다고 한다.[14]

이러한 비코의 설명은 지금까지 언어의 계보성을 밝힌 것으로 이해되어 왔으나, 사이드는 이를 법을 뜻하는 여러 말이 동시에 화폐를 뜻하기도 한다는 것을 보여준 것이며 인접한 복수의 관계를 통해 의미상의 체계가 형성돼 있음을 비코가 밝힌 것이라고 주장한다. 즉 어떤 언어에서 추상어와 구체어가 공존하는 것은 계보적인 계기성에 의하는 것이 아니라, 단어 상호간의 체계적인 인접성 때문이라고 하는 사실을 비코가 지적한 것이라고 보는 것이 사이드의 새롭고도 대담한 해석이다.

나아가 사이드는 비코가 1709년에 쓴 최초의 저서 《우리 시대의 학문 방법에 대하여》를 비롯하여 여러 저작에서 그러한 인접성, 상보성, 병행성, 상관성을 지적했다고 주장한다. 물론 사이드는 비코가 '여러 국민의 공통된 자연 본성에 대한 새로운 학문,' 즉 여러 국민에 공통된 법을 추구했고, 나아가 하나의 공통된 시작을 발견하고자 계보학적인 연구를 했으나, 결국에는 상관성, 상보성, 인접성의 증거를 발견하게 됐다고 본다. 즉 비코는 처음 의도와는 다르게 언어가 제공하는 증거나 자신의 연구결과를 보고 언어가 갖는 신점과 시적 창작이라는 요소에 주목하게 됐다는 것이다.

이러한 사이드의 해석에 대해서는 논리의 비약이라던가 너무나도 대담하다던가 하는 비판이 있다. 적어도 비코에 대한 가장 뛰어난 연구로 평가되는 크로체의 《잠바티스타 비코》(1911)이래 60여 년간 나온 비코에 대한 해석 중 가장 새로운 것으로 평가되는 것은 사실이다.

그러나 중요한 것은 그러한 비코의 새로운 해석에 의해 사이드가 텍스트와 현실 세계 사이에 서로 통할 수 없는 벽이 있다고 본

문학비평에 반대하여 "텍스트는 그 자체가 이미 세계 속에 존재하고 있다"라는 관점에 서서 텍스트와 현실 세계를 연결시키려는 태도를 주장했다는 점이다. 즉 사이드가 말하는 현실 세계가 바로 비코가 말한 '여러 국민의 세계'라는 것이다. 그것은 신적 근원으로부터 단절되고 성스러운 질서에서 벗어난 '이교도적인' 세계를 뜻한다.

비코의 사회철학

사이드는 비코를 중요한 사회철학자로 보기도 했다. 사이드는 '아이덴티티, 부정, 폭력'(《뉴 레프트 리뷰》 1988년 9~10월호)이라는 글에서 비코의 《새로운 학문》 2권 2부 '시적 형이상학'에 나오는 아우토리타스(autoritas, 권위 또는 자기소유권)에 대해 이렇게 말했다.[15] 아우토리타스는 원래 신의 것이었고 신은 그것에 의해 거인들을 길들여 거인들의 야수적 습관을 버리고 동굴 안에서 오랫동안 참고 견디는 습관을 익히게 했다는 것이다. 이러한 설명은 현대 국가에서 아이덴티티의 형성과 테러의 사용 사이에 존재하는 관계의 핵심을 보여주는 것이라고 독해한다.

티티우스(레토를 강간한 일로 인해 사지를 벌려 땅에 묶여서 독수리에게 간을 쪼아 먹히는 벌을 받은 신. 열정의 신)와 프로메테우스는 제우스에 의해 설정된 제한을 너무나도 크게 벗어나 살고자 한 영웅적인 개인의 모델인 것처럼 보인다. 그 때문에 그들은 눈에 보이는 형태로 처벌받고 영구히 고립된 장소에 갇히고 심장을 쪼이게 된다. 그러나 대부분의 다른 인간들은 길들여진 존재인 그들에게 제우스가 제공한 장소를 받아들일 준비가 되어 있다. 이 최초의 인간들은 동굴에, 그리고 뒤에는 집에서 살게 된다. 여기서 중요한 것은 인간들이 방랑을 포기했다는 점이다. 즉 제우스의 테러가 인간의 테러를 중단시키고 그것을 사회적인, 그리고 뒤에는 국가적인 틀 속에 고정시켰다고 하는 점이다. 비코는 제우스의 영웅적이자 일탈적인 테러를 과소평가하지 않았다. 비코에 의하면 권위를 휘두르고 처벌을 하는 것에 대한 제우스의 탁월한 재능이야말로 근대국가가 행하는 강제력의 독점을 예상하게 하는 것이었다.

사이드는 《오리엔탈리즘》을 비롯한 여러 저서에서 근대국가가 강제력을 독점하고 그 권력을 제국주의에 의해 범세계적인 식민지 침략으로 확대하면서 동양에 대한 침략과 동시에 학문과 예술의 차원에서도 그러한 침략을 합리화하는 오리엔탈리즘을 형성했다고 분석했다.

사이드가 싸우고자 한 상대는 '동양'이니 '서양'이니 하는 허구의 구조였다. 종속 인종, 동양인, 아리아인, 니그로 등의 인종차별주의적 본질을 갖는 용어들에 대해서도 반기를 들었다. 그는 과거에 식민주의의 폭정을 거듭 당한 나라들에서는 원초의 순수 상태가 서양인에 의해 침해됐다는 주장에 반대한다. 그런 신화적 추상개념은 허위이고, 그것과 같이 과거의 식민지국이 서구를 비난하는 다양한 수사도 허위라는 것이다. 문화는 너무나도 혼합적이며 각 문화의 내용과 역사는 상호 의존하며 서로 영향을 미치므로 칼로 자르듯 동양과 서양으로 분리시켜 이데올로기적인 대립구도로 단순하게 바라볼 수 없다고 한다.

사이드는 인간의 비참과 억압에 대한 진실의 기준은 개별 지식인의 정당 친화성, 민족적 배경, 그리고 자기 나라에 대한 근원적인 충성에도 불구하고 지켜져야 한다고 말한다. 사이드가 말하는 인간의 비참과 억압에 대한 진실의 기준이란 여러 측면에서 논의될 수 있을 것이나, 국제적 인권 기준 같은 것을 예로 들 수 있다.

사이드가 말하는 지식인에게 요구되는 보편성이란 자신의 문화적 배경, 언어, 국적이 주는 안이한 확신들을 초월하기 위해 위험을 감내하는 것을 뜻한다. 아울러 대외정책이나 사회정책과 같은 문제에 직면했을 때 인간 행동의 단일한 표준을 찾고 유지하고자 노력하는 것을 뜻한다.

이 책에서 말하는 비코

위에서 인용한 사이드의 비코론을 좀 더 상세히 설명하고자 하는 것이 이 책이다. 나는 그 이상으로 비코를 설명할 재주가 없다. 그런데 사이드는 비코를 체계적으로 다루지 않았기 때문에 사이드의 해석만 가지고서는 비코를 완전하게 이해하기 어렵다. 이런 점에서 그를 체계적으로 다룬 벌린의 책 《비코와 헤르더》(1976)가 우리말로 번역되어 있어 참고가 된다.[16]

벌린에게도 비코는 사이드의 경우처럼 중요한 스승이었다. 사이드가 포스트콜로니얼리즘의 선구자로 비코를 선택한 것과 같이 벌린은 비코를 다원주의의 선구자로 재발견한 것도 공통되는 점이다. 물론 두 사람의 비코 해석은 약간 다르지만 그런 다양한 해석이 가능한 만큼 비코는 우리에게 매력적이기도 하다.

비코가 벌린이나 사이드에게만 영향을 미쳤던 것은 아니다. 앞에서 말했듯이 그는 살아생전 거의 무명에 가까웠고 심지어 오해를 받았으며 질병과 빈곤 속에서 죽었고 죽은 뒤에도 1세기나 완벽하게 잊혀졌지만, 사실은 법학, 정치학, 문학, 미학, 민속학, 언어학, 신화학, 역사학, 철학, 수학, 논리학 등 거의 모든 학문 분야에 걸친 사상의 혁명가였다. 그래서 나는 그를 사상가라고 부른다. 그러나 우리나라에서는 그 어떤 학문 분야에서도 비코는 언급되지 않는다.

벌린이나 사이드만이 아니라 19세기의 미슐레나 크로체를 비롯하여 후대의 수많은 학자들이 그의 영향을 받았고 비코를 자기 입장에서 해석했다. 예컨대 미슐레는 그를 낭만주의자로, 크로체는 그를 헤겔주의자로 보았다. 그를 자연주의나 역사주의, 심지어 실존주의의 선구자로 본 사람들도 있었다. 그런 해석들에 나름대로의 일리가 있기는 하지만 누구에 대해서도 그런 것처럼 비코를 무슨 하나의 주의자로 규정하는 것은 대단히 위험한 일이다. 비코는 그 누구에게도 사숙될 정도로 거대한 사상의 원류였음이 분명한 사실이다. 그런 점에서 비코는 18세기의 가장 위대한 사상가 중 한 사람이고, 어쩌면 인류 역사에서 가장 위대한 사상가라고 할 수 있을 것이다.

우리는 이러한 후대의 여러 비코관에 대해서는 이 책의 마지막에서 다시 상세히 검토하도록 하고, 먼저 2장에서는 비코의 《자서전》을 중심으로 그의 생애를 개관한다. 평생을 쾨니히스베르크라는 한 동네에서 산 칸트처럼 비코도 평생을 나폴리에서 산 평범한 학자였다. 따라서 그의 생애에 특별한 점은 없고, 주로 사상의 형성과 전개에 대한 설명이 될 것이다.

이어 그의 주저인 《새로운 학문》을 중심으로 하여 비코가 평생 고민한 네 가지 주제를 각각 검토한다. 비코의 연구방법, 역사관, 언어연구, 법이론의 네 가지 주제를 3~6장에서 검토할 것이다. 마지막 7장에서는 나의 비코관을 간단히 결론으로 제시할 것이다. 부끄러움을 무릅쓰고 다시 강조하지만, 사실 나의 비코관이 따로 있는 것은 아니고, 위에서 인용한 사이드를 비롯한 여러 학자의 비코 해석을 부연하여 소개하는 정도에 불과하다.

비코에 대한 다른 논의

앞에서 스위지에 대한 어느 논설위원의 글과 비코에 대한 사이드의 글을 비교했으니, 내친 김에 사이드의 글을 어느 철학자의 글과 비교해 볼까 한다. 우리나라에서 비코에 대한 거의 유일무이한 학술논문의 첫 부분에서 비코의 생애와 사상을 다음과 같이 요약했다. 이 글을 보면 비코에 대해 사이드와 너무 다른 입장에

놀라게 된다.

비코는 로마 가톨릭교도의 아들로 태어나 독실한 신도로 자라서 마지막까지 교회의 충직한 아들로 남았다. 그의 직업은 법률가였으며, 법철학에 큰 관심을 가졌다. 법에 대한 헌신을 보면 그의 인생관을 짐작할 수 있다. 그리고 철학적 체계는 스콜라적 전통의 위대한 독자성을 보여준다.[17]

그리고 그 이하의 설명에서 비코 사상이 바로 스콜라적 전통의 철학임을 강조했다. 필자에 대한 소개가 전혀 없어 필자가 어떤 사람인지 모르겠으나,《이탈리아 철학》이라는 제목의 책 속에 소개됐고, 그 책의 번역자도 저명한 대학의 철학교수이니 아마도 철학자일 것이다. 따라서 철학자의 관점에서 쓴 글이겠으나, 내게는 이러한 설명이 대단히 무미건조하고 비코에 대한 오해까지 낳을 수 있다고 여겨진다.

게다가 정확한 설명도 아니다. 적어도 비코의 직업은 법률가가 아니라 평생 수사학 교수였고, 법에 대한 헌신을 한 적도 없으며, 법에 대해 헌신했다고 해도 그것이 그의 인생관을 짐작하게 하지 않는다. 그가 법철학에 큰 관심을 가진 것은 사실이나, 역사, 언어, 신화 등 다른 여러 분야에 대해서도 법 이상의 '큰' 관심을 보였다.

또한 그는 당시는 물론 지금도 가톨릭이 지배적인 이탈리아 출신으로 가톨릭 신자의 아들로 태어나 자라고 죽기까지 가톨릭 신자였으나, 당대 사람들보다 더욱 '독실한' 신자도, '교회의 충직한 아들'도 아니었으며, '스콜라적 전통'에 속한 것도 아니었다. 그럼에도 불구하고 위와 같이 쓴 것을 보면 필자는 아마도 가톨릭 신학자 또는 철학자 또는 가톨릭 사제가 아닌지 모르겠다. 사실 위 글은 가톨릭 사제가 비코의 죽음을 맞아 의례적으로 읽는 조사처럼 보인다.

그러나 비코는 《새로운 학문》에서 자신이 배우고 읽은 스콜라철학에 대한 이야기는 하지만, 가톨릭교회나 더욱이 그것에 대한 충성에 대해서는 일언반구도 한 적이 없다. 당시 스콜라철학은 이탈리아에서 거의 유일무이하게 읽고 믿을 수밖에 없는 것이기에 그가 읽고 믿은 것이지 그가 여러 가지 중에서 특별히 선택하여 읽고 믿은 것은 아니다. 하물며 그가 스콜라철학의 전통 위에 있는 것은 더더욱 아니다.

물론 비코를 가톨릭 신학 또는 철학의 입장에서 보는 경우 위와 같은 평가도 가능하리라. 그러나 적어도 비코의 전체상을 본다면 이 같은 견해는 대단히 편협한 것이라고 보지 않을 수 없다. 사실 비코에 대한 수많은 평가 중에 이러한 편협한 태도에서 비롯된 편견이 너무나 많은 점에 우리는 주의할 필요가 있음을 강조하기 위해 나는 위 글을 일부러 인용한 것이다.

이와 유사한 비코에 대한 설명은 《새로운 학문》의 우리말 번역자가 쓴 해설에서도 나타난다. 그는 비코의 '지적 원점'이 '진리는 만들어 진 것'에 있다고 말한다. 자연을 만든 것은 신이니 신만이 자연의 진리를 알 수 있고, 인간은 제대로 알 수 없으므로 신이 만든 자연(리얼리티) 앞에서 항상 겸손해져야 한다는 것이다. 인간은 자신이 만든 기하학(픽션)에 대해서만 완전히 알 수 있으나, 또 하나의 세계인 사회는 인간이 만들었지만 픽션이 아니라 리얼리티라고 비코가 주장했다고 말한다.[18]

그러나 이러한 설명만으로는 비코가 전통적인 가톨릭 신학자들과 무엇이 다른지 알 수가 없다. 역자는 비코가 리얼리티와 픽션을 구별하지 않은 점을 간과했다. '진리는 만들어진 것'은 모두 픽션이자 동시에 리얼리티이기 때문이다.

17세기 이탈리아 사람인 비코는 태어나자마자 가톨릭 세례를 받았고 죽을 때까지 가톨릭 문화 속에서 지냈다. 그러나 그는 당대의 가톨릭에 마음으로부터 귀의한 사람도 아니고, 더욱이 가톨릭을 위해 학문을 한 사람도 아니다. 그는 가톨릭 종교재판의 탄압을 받지는 않았으나, 자신의 책으로 인해 그런 탄압을 받을지 모른다는 두려움 속에 살았고, 앞에서도 말했듯이 그의 친구들은 실제로 그런 탄압을 받기도 했다. 따라서 그의 글에 가톨릭적인 요소가 나온다고 해도 이를 면밀하게 검토하면 그것이 가톨릭에 대한 두려움 때문에 일부러 덧붙인 것임을 알 수 있다.

그러나 그가 기독교와 모든 이교를 포함하는 종교 자체에 대해 그것이 완전히 불필요하다고 느낀 것은 아니라는 점에 주의할 필요가 있다. 그가 당대의 가톨릭, 특히 종교법원의 권위를 그대로 믿고 따른 것은 물론 아니지만, 어떤 원시적인 종교라고 할지라도 종교가 사회적 유대를 창조하고 유지하며, 나아가 인간을 인간답게 만든다는 점은 인정했다. 인간의 경외심이나 신앙심 또는 종교적 권위에 대한 감각이 없어지면 야만상태에 빠진다고 하는 생각도 분명히 가졌다. 중요한 점은 비코가 기독교가 아닌 이교를 배척하지 않았다고 하는 점이다. 이 점이 기독교만을 절대시하고 다른 이교를 경멸하고 지배하고자 한 서양 오리엔탈리즘의 대변자들과 비코를 명백하게 구별해주는 점이고, 사이드를 비롯한 오리엔탈리즘 비판자들이 비코를 숭상하는 이유다.

여하튼 위 두 글을 제외하고 나는 비코를 다른 무엇보다도 가톨릭과 강력하게 연관시키는 글을 본 적이 없다. 따라서 왜 이런 글이 우리나라에 유일한 비코 연구논문으로 소개되고 설명되는지 나는 이해할 수 없다. 그래서 이런 책을 굳이 쓰려고 하는 필자의 '처량한' 처지를 독자들은 동정할 수 있으리라.

02

생 애

《자서전》

비코의 전기는 현재 우리말로 번역된 것은 물론 없고, 외국어로 씌어진 것도 없다. 그러나 다행히 본인의 《자서전》이 남아 있고,[1] 이는 각국어로 번역되어 있다.[2] 《자서전》의 정확한 이름은 《잠바티스타 비코 자신에 의해 집필된 생애(Vita di Giambattista Vico scrita da sé medesimo)》이나 보통 《잠바티스타 비코 자서전 (Autobiografia di Giambattista Vico)》이라고 불린다. 이 책에서는 《자서전》이라고 약칭한다.

《자서전》은 두 부분으로 구성된다. 첫째, 1725년부터 1728년 사이에 집필된 '잠바티스타 비코 자신이 집필한 생애'이고, 둘째, 1728년부터 1731년 사이에 쓴 '비코에 의한 자서전 보완'이다. 따라서 1731년부터 사망하는 1744년 사이는 《자서전》에 언급되어 있지 않다. 그래서 이탈리아어 판이나 영어·일어 번역판에는 1818년에 쓰여진 '비코의 만년—빌라로자 후작 추가'가 붙어 있다.

'자서전' 이라는 것을 비코가 처음 쓴 것은 아니나, 자신의 지적 형성이라고 하는 내용만을 갖는 자서전으로서는 시대를 앞선 작품이고, 지금까지도 대단히 보기 드문 것임은 주목할 필요가 있다. 그래서 시대의 첨단을 가는 또는 시대를 역행하여 달리는 지식인으로서의 비코를 말하는 데 《자서전》은 중요한 역할을 한다.[3]

그러나 우리에게 그 《자서전》이 감동을 주는 참된 이유는, 비코라고 하는 한 지식인이 주변 환경과 자기 정신의 극심한 어려움 속에서도 진리를 추구한 데 있다. 또한 수많은 변화에 대한 적응이 가능하고 그것을 구분해낼 수 있다고 믿은 그 지적 성실성과 지적 용기에 있다. 더 나아가 비코 자신이 역사에 대한 창조적 신념을 가지고 자신의 생애를 통해 그러한 창조적 신념을 끝없이 구체화하고자 노력한 점이다.

그런데 그 《자서전》은 비코 자신의 발상에 의해 쓴 것은 결코 아니었다. 당시 베네치아의 군인이었던 보르치아 백작(1682~1743)의 권유에 의해 썼다. 당시 베네치아의 사제이자 건축가였던 로도리(1690~1761)는 학자들의 연구방법이나 연구시의 장애를 참고하여 교육제도를 개혁하려는 목적과, 그것을 건전한 경험주의를 기본으로 한 개혁노선에 이용하려는 의도에서 몇몇 학자들에게 지적인 자서전을 편찬하도록 의뢰했다. 우리는 그러한 취지에 비코가 지극히 충실했음을 《자서전》에서 충분히 읽을 수 있다. 그래서 특히 그의 교육사상이 주목된다.

비코는 《자서전》을 1725~1728년 사이에 썼다. 즉 비코의 나이 57세~60세 사이였다. 그런 나이에 쓴 자서전이라는 것이 대부분 그렇듯이 어린 시절에 대한 기억은 아스라하여 사실과 다를 수가 있다. 그는 자신의 출생연대도 1668년이 아니라 1670년이라고 쓸 정도이다. 그가 남긴 편지나 그와 동시대인의 증언과 맞지 않은 부분도 많다. 그럼에도 불구하고 《자서전》은 우리가 그의 지적 형성을 이해하는 데 중요한 자료이다. 이제 《자서전》을 중심으로 그의 생애를 구성해보자.

《자서전》의 형식에서 한 가지 특이한 점은 1인칭이 아니라 3인칭으로 서술했다는 점이다. 따라서 루소의 《자서전》처럼 1인칭의 고백적 자서전과는 다르다. 그러나 3인칭이라고 해서 이른바 '직접화법' 으로도 '간접화법' 으로도 쓰인 것이 아니다. 가령 직접화법이라면 "그는 생각했다. '나는 가야한다' 고"라고 쓰게 된다. 한편 간접화법이라면 "그는 자신이 가야 한다고 생각했다"가 된다. 그러나 비코는 "그는 생각했다. 그는 가야 한다고"라고 썼다. 이를 직접화법과 간접화법의 중간인 '자유간접화법'[4] 또는 '연출적 화법' 을 거꾸로 한 것이라고 한다. 이러한 독특한 화법을 구사한 이유에 대해서는 여러 가지 설명이 있으나, 여기서는 이탈리아적인 수사법 정도라고만 이해하자.

그보다 중요한 문제는 이 책이 보통 말하는 자서전과는 내용이 너무나 다르다는 점이다. 자서전이라고 하면 보통 그 사람과 사상의 형성과정을 이해하는 데에 필요한 역사적 자료로 활용될 정

도로 사실적이기 마련인데, 이 책은 보기가 어려울 정도로 비유
적이다. 이는 앞에서 말한 독특한 화법과 함께 그가 수사학의 전
문가였기 때문이었을지 모르지만, 그 점보다 더 중요한 이유는
비코가 살았던 이탈리아, 특히 나폴리는 가톨릭이 지배했고, 가톨
릭 교리에 배치되는 어떤 이단사상도 용납되지 못했기 때문이었
을 것이다.

따라서 그의 다른 저서와 마찬가지로 《자서전》도 대단히 신중
하게 씌어진 것임에 주의해야 한다. 그런 탓인지 《자서전》은 우
리가 읽기에 대단히 어렵다. '지적 자서전'이라는 점을 감안해도
삶에 대한 이야기보다도 학문에 대한 이야기가 너무 많다. 게다
가 학문적으로 소외된 불우한 처지에 있던 비코가 당시의 학문적
분위기에 자신이 결코 맞지 않는 것이 아님을 강조하고자 한 탓
일까, 당시의 가톨릭 학문에 대한 복잡한 설명이 우리를 질리게
한다. 그런 부분들을 모두 제외하고 우리가 알고 싶은 그의 생애
와 사상의 핵심만을 간추려 보면, 그의 생애는 너무나도 단순한
학자의 일생에 불과하다.

비코의 시대

비코의 《자서전》은 그가 살았던 시대나 나폴리에 대해 아무 말도
하지 않는다. 따라서 당시 나폴리의 시대상황에 대해 약간의 설
명을 가하고자 한다. 죽기 전에 꼭 나폴리를 보라는 말이 있듯이
그곳은 아름다운 만을 끼고 있는 해변도시이다. 로마에서 남동으

로 190킬로미터 떨어진 이탈리아 반도 서해안에 있고, 그 만을 따라 관광지로 유명한 카프리 섬과 소렌토 등이 있다.

나폴리(Napoli)란 기원전 500년경에 그리스인들이 '새로운 도시(Neapolis)' 란 이름을 붙인 것에서 비롯된다. 그리스인들은 이미 그보다 1세기 전에 그곳에 도시를 세워 파르테노페(Partenope)라고 했다. 그 후 로마인들이 나폴리에 왔으나, 주민들은 로마에 동화되지 않고 그리스어를 사용했다.

5세기 이후 동고트족이 침략하여 혼란기가 이어졌어도 나폴리는 8세기부터 11세기까지 자치도시를 유지했다. 1071년 노르만족이 나폴리 공국을 세우고 시칠리아 왕을 겸한 뒤 나폴리는 신성로마제국의 지배를 받으면서 최고의 번영을 구가했다. 즉 정치적으로는 유럽에서 중앙집권체제가 가장 잘 정비됐고, 경제적으로는 곡물생산과 상업활동의 중심이 됐고, 문화적으로는 그리스와 아랍의 문물을 서유럽에 전파하는 역할을 했다.

그러나 나폴리는 그 후 8세기 동안 이민족의 지배를 받았다. 즉 프랑스, 스페인, 오스트리아로 지배자가 바뀌었다. 1559년 카토캉브레지 조약에 의해 이탈리아는 스페인의 지배를 받기 시작해 비코가 태어난 시기까지 이어졌다. 18세기 초에는 오스트리아의 지배에 들어갔다가 1734년 다시 스페인이 지배하게 됐다. 이 무렵부터 이탈리아는 대지주귀족의 봉건적 농민지배가 시작됐다. 비코가 죽은 것이 이 무렵이었다.

비코가 죽고 난 뒤 반세기가 지난 1799년 나폴레옹의 지배를 받게 된 나폴리는 1년간 옛 이름을 딴 파르테노페 공화국으로 불렸다. 그러다가 나폴레옹이 실각하자 프랑스 왕가가 다시 지배했다. 1860년 가리발디에 의해 시칠리아가 점령되고 다음해인 1861년 엠마누엘 2세가 이탈리아를 통일함으로써 나폴리는 8세기 만에 이탈리아에 귀속됐다.

나폴리를 비롯한 이탈리아 남부는 중세 초기에 비잔티움과 아랍세계와의 밀접한 교류를 통해 많은 이익을 얻어 상업과 문화의 중심지가 됐으나, 13세기 이후 아프리카와 레반트[5]로부터 점차 멀어져 프랑스와 스페인에 예속된 후 경제력을 잃고 지금에 이르렀다. 이탈리아에는 전통적으로 '남북문제', 즉 상대적으로 부유한 북부에 비해 빈곤한 남부 간의 경제력의 차이가 좀체로 좁혀지지 않고 있는데 나폴리는 빈곤한 남부의 중심이 되고 있다. 15세기 이후 나폴리는 거지와 부랑자로 넘쳐났고 부자들과 성직자들이 지배하는 노동자들의 도시가 됐다.[6]

비코가 태어난 17세기 이탈리아는 사회경제적인 침체 바로 그 자체였다. 그가 태어나기 약 20년 전인 1647년 잇따른 흉작과 세금의 증가로 인해 나폴리에서는 대규모 폭동이 터져 빈민과 귀족의 평등을 주장했다. 폭동은 스페인군에 의해 진압됐으나 사회경제적인 불안의 원인은 전혀 해결하지 못했다. 비코가 죽기 10년 전인 1734년의 한 보고서에는 다음과 같이 기록돼 있다.

나폴리에서 단지 몇 마일 떨어진 곳에는 남자든 여자든 눈에 띄는 대부분의 사람들이 벌거벗었거나 (……) 혹은 굉장히 구역질나는 넝마와 같은 옷을 걸치고 있다. (……) 이들이 먹는 음식은 이스트를 넣지 않은 조그만 빵이 전부이다. (……) 겨울에는 고정적인 일감이 없기 때문에 기름이나 소금도 없이 풀만 먹어야 한다. 자연의 가장 아름다운 모습을 간직한 노동의 현장에서 그처럼 많은 사람들이 가난에 시달리고 있다면 (……) 왕국의 다른 지역들의 상황은 어떠했겠는가?[7]

비코가 죽은 18세기 중반 나폴리 토지수입의 약 40~50%는 교회와 귀족들이 나누어 가졌다. 그 재산의 대부분은 봉건적 관계에서 거두어들인 것이고 세금을 면제받았다. 귀족들은 빈민에게서 세금을 거두고 그들에게 민·형사 재판권을 행사했다. 이러한 상황에서 법조인들은 법의 정리가 아니라 법의 혼란에 기여했다. 18세기 중반 나폴리에는 부유한 집안 출신의 법조인이 2만 6천 명이나 있었다.

이러한 상황에서 17세기 말 이탈리아에서도 계몽주의가 대두되어 교회의 특권과 권력을 공격했다. 가령 나폴리의 변호사이자 역사가인 피에트로 잔노네(1676~1748)는 교회를 비판하는 《나폴리 왕국의 시민사》(1723)를 출간했다가 빈으로 추방당했고 결국은 감옥에서 죽었다.

그러나 비코는 이러한 계몽주의에서 비켜나 있었다. 잔노네 역시 비코를 알고 있었다. 그는 비코만큼 기묘하고 환상적인 사람은 나폴리에 없다고 말했으나, 그것은 결코 찬양하는 뜻이 아니었다. 우리는 당시의 이탈리아 계몽주의를 뒤에서 C. B. 베카리아(1738~1794)를 통해 조망해 보겠지만 그들에 대한 비코의 영향력은 그다지 크지 않았다. 따라서 이탈리아 계몽주의가 비코에게서 직접 영향을 받았다는 평가[8]에 나는 찬성하지 않는다.

남구형 사고

비코의 지적 형성과정을 살펴보기 전에 비코 사상의 특성을 이해하기 위해 비코가 속하는 남구형 사고를 간단히 소개한다. 우리가 아는 서양은 사실 서양 전체에서 일부분에 불과하다. 기껏 독불과 영미 정도이다. 영미를 제외한 유럽 대륙은 동서남북의 여러 나라를 포함하지만, 우리가 아는 것은 독일과 프랑스를 중심으로 한 서유럽, 즉 서구뿐이다.

흔히 유럽에는 북구형과 남구형의 사고방식이 있다고들 한다. 북구형은 독일과 프랑스의 중부와 북부 유럽의 사고방식으로서 근현대적인 것이고, 남구형은 남부 유럽, 특히 이탈리아에 특징적인 것이라고들 한다. 일본을 비롯하여 대부분의 비서양 후진국은 북구형을 선택했다. 한국도 예외가 아니다. 따라서 비서양의 유럽 이해는 북구형에 치중되어 남구형에 대한 오해나 편견을 낳게 된다.

북구형 근대는 종교개혁, 과학기술, 자본주의라는 3대 지주를 그 뿌리로 한다. 또는 보편주의, 논리주의, 객관주의라는 3대 원리를 그 기둥으로 한다. 이에 비하여 남구형 근대는 코스몰로지,

60

심볼리즘, 퍼포먼스를 3대 원리로 한다. 외국어를 남발하고 싶은 생각은 없으나, 번역하기에는 문제가 있어서 그대로 쓴다.

코스몰로지는 우주철학, 심볼리즘은 상징주의, 퍼포먼스는 실행 정도로 번역될 수 있겠으나, 조금씩 이상하다. 남구형 사고방식에서는 '고대적인 것'과 '근대적인 것'의 미묘한 조화 속에서 표상, 수사, 외관 등을 중시한다고 볼 수 있다. '고대적인 것'은 그리스 로마를 중심으로 한 고전적인 것과 가톨릭까지를 포함한다. 그것과 근대적인 것의 조화라고 하는 이러한 특징은 특히 비코에게 현저히 나타난다.

다음 표상이나 수사 또는 외관의 중시도 비코에게서 나타난다. 레토릭을 수사라고 번역하기에는 문제가 있으나, 비코가 43년간 수사학 교수였다는 점에 주목할 필요가 있다. 이런 남구형 문화는 한국문화와도 어느 정도 공통성을 갖는다.

그런데 이러한 남구형 문화는 권위나 권력을 거부하고 지적 체계에 대해 의문과 회의를 품는 것을 특징으로 한다는 점에서는 우리의 문화와 다르다. 이는 비코를 비롯한 이탈리아 지식인의 자세에서도 극명하게 나타난다. 우리와는 달리 그들은 절대적인 이념을 결코 절대적으로 숭상하지 않고, 도리어 유연하고 변경 가능한 '지(知)'를 즐긴다. 그것은 경우에 따라 일관성을 결여하고 편의주의에 빠질 수도 있는 단점도 있지만, 현실에 적합한 탄력성이라는 장점도 있다.

이러한 남구형 사고의 유연성은 북구형 지식이 선과 악의 시시

비비를 확실하게 구별하는 것과는 다르다. 남구형에는 절대적 진리란 존재하지 않는다. 모든 문제에는 논의의 여지가 있고, 모든 가치는 그 맥락에서 상대적으로 결정된다. 따라서 이탈리아인은 토론을 즐기며 개별적인 행동을 중시한다. 그것은 일상생활에서 가치판단을 하는 중요한 수단이기 때문이다.

이에 반해 한반도는 너무나도 강력하고 순수한 사상에 지배되고 있다. 남쪽은 강력하고 순수한 자본주의, 북쪽은 강력하고 순수한 공산주의이다. 이는 단재 신채호가 이미 오래전에 지적한 대로 옛날부터 순수한 불교, 순수한 유교만을 고집한 전통 탓이기도 하다. 그러나 이러한 외고집으로는 불확실하고 혼돈된 현실 세계에 충분히 대처할 수 없다.

여기서 나는 이탈리아적 사상의 발현인 '약한 사상' 이 우리에게도 도움이 될 것으로 기대한다. 1983년 움베르토 에코를 비롯하여 이탈리아 지식인들이 엮은 동명의 책은 명백하게 형성된 어떤 구체적인 사상이 아니라, 처음부터 그것을 거부하면서 새로운 지적 자세를 도전적으로 제기하고자 했다. 즉 하나의 기준 아래 통일된 전통적인 사고방식을 극복하려는 점에 그 새로움이 있다. 에코의 여러 소설도 그렇게 이해되어야 할 것이다.

일반적으로 전통적인 사고방식인 '강한 사상' 은 사고의 자유를 놀라울 정도로 제한한다. 이에 반해 '약한 사상' 은 사고, 묘사, 자기표현, 자기변혁, 자신의 삶을 좁은 틀 속에 강제하는 '강한' 이성을 부정한다. 절대적인 진리를 전제하는 강한 이성은 제국주

의, 전체주의, 폭력적 국가주의, 정치적 학살이라고 하는 근대의
많은 비극을 낳은 근본원인이었다. 그것은 자신과 다른 것을 배
제하고 다른 사상을 이해하는 여유를 갖지 못했다.

따라서 이러한 가공할만한 '강한 이성'이나 그것을 무조건 부
정하는 어리석은 비합리주의가 아니라, 유연하고 연약한 이성을
근거로 하여 존재를 명확하게 하는 서술, 상징, 기호를 중시하고,
차이, 복잡성, 다양성을 존중하는 사상이 지금 우리에게 필요한
것이 아닐까? 그런데 우리에게는 이러한 남구형 유럽의 인식이
매우 낮다.

최근 세계적 베스트셀러로 에코 등이 번역되고 있으나, 그 사
상의 긴 역사를 통해 보기에는 너무나도 관련 문헌이 없다. 그나
마 최근 이탈리아 계몽사상가들인 비코나 베카리아가 2백여 년
만에 소개된 것은 다행이나, 그것들은 그야말로 기본에 불과하
다. 비코와 베카리아는 인문사회과학의 고전이라고 하는데, 아니
고전 중의 고전이라고 하는데 우리는 이제야 겨우 읽고 있다.

이탈리아의 계몽사상

흔히 서구의 근대는 르네상스와 종교개혁에서 비롯된다고 한다.
그러나 르네상스는 봉건사회에서 해방된 개인을 마키아벨리처럼
군주로 제시하는 것에 그쳤고, 종교개혁은 그 개인의 삶을 신을
향한 맹목적인 금욕적 직업활동으로 제시하는 것에 그쳤다. 18세
기 유럽의 계몽사상은 그 둘을 통합하여 발전시킨 것이나, 이탈

리아에서는 사실상 종교개혁이 존재하지 않았다.

기독교의 공인과 국교화 이후 유럽은 정치권력과 종교권력의 투쟁으로 점철됐는데, 특히 이탈리아 로마에는 전통적인 교황청이 있어서 그 투쟁은 더욱 격렬했다. 그래서 교황청을 부정하고 정치권력을 지지한 단테는 망명생활을 해야 했다. 교황청의 반종교개혁에 의해 군주라고 하는 개인의 해방으로부터 새로운 사회질서로 나아가지 못하고 르네상스가 좌절되자 이탈리아 계몽주의자들은 중세 황제파의 유산을 이용하여 교황청에 대립했다.

그 후 스페인 계승전쟁(1701~1714)의 결과 반종교개혁을 통해 교황청과 결탁한 스페인이 이탈리아에서 물러나고 오스트리아가 밀라노 공국과 나폴리 왕국을 지배하게 되면서 반종교개혁에 대한 반항, 즉 정치권력이 종교권력에 대항하는 토대가 형성됐다. 이어 폴란드 계승전쟁(1733~1735)으로 오스트리아는 나폴리에서 물러갔으나, 나폴리 왕국은 스페인의 부르봉가 출신의 왕을 '자신들의 왕' 으로 맞아 정치적 자유를 더욱 강력하게 요구했다. 이러한 상황에서 이탈리아 계몽주의는 밀라노와 나폴리를 중심축으로 하여 전개됐다.

비코의 《새로운 학문》(1725년)은 1720년대 나폴리에서 생긴 이러한 국가권력과 종교권력의 대립을 조정하고자 한 것이었다. 비코는 노아의 홍수를 경계로 하여 그 이전의 구약성서 역사서술 세계와, 그 이후의 히브리인 역사를 제외한 고대 이교(異敎)신화의 세계를 나누어 그 둘을 양립시키는 세계사의 구상을 제시했다. 르네 데카르트(1596~1650)의 이성에 의한 연역적 방법이 유행하고 있을 때 비코는 비합리적인 요소를 인정하고 생활감각과 역사감각이라는 문제를 제기하면서 역사를 신들의 시대, 영웅의 시대, 인간의 시대로 구분했다.

비코가 말한 이교 세계의 역사는 성서의 역사와는 구별된 세속사 또는 세속세계사로서, 그 사회이론을 가장 포괄적으로 보여준 것이 시민법으로서의 로마법이라고 보았다. 따라서 비코는 로마법의 근본원리가 신의 섭리이고, 섭리의 규제력으로 자연법을 상정하여 그것이 시민사회와의 가교로 기능한다고 설명했다. 이 책은 오늘날 문화인류학이나 민속학, 역사학을 비롯한 인문사회과학의 선구로 평가받고 있으나, 당대에는 그다지 주목받지 못했다. 왜냐하면 당시 나폴리에서는 그러한 조정이 아니라, 국가권력의 확립이 과제였기 때문이었다. 또한 그가 비주류의 소외된 법학자라는 점도 무시당한 이유의 하나였다.

이러한 국가권력 확립을 위한 노력은 로마법을 신의 섭리로부터 단절시켜 나폴리 국가의 정치적 자립성을 확립하고자 하는 방향으로 계속 됐다. 그 대표적 논자인 로도비코 안토니오 무라토리(1672~1750)는 북이탈리아의 모데나 공국에 속했다. 모데나 공국은 나폴리와 함께 18세기 초엽에 국가권력 확립을 위한 투쟁에서 최전선에 선 지역이었다. 무라토리의 《법학의 결함에 대하여》(1742년)는 법적 권위의 자의성을 개혁하고자 한 책이었다. 그 책에서 그는 로마법이 신의 섭리라고 하나, 사실상 정의란 항상 일정한 것이 아니고, 법학이란 수많은 소송을 낳는 온상에 불과하며, 소송을 통하여 이익을 얻는 것은 법률가뿐이라고 비코를 비판했다. 따라서 그는 당시의 법학이 현실에서 유리되어 로마법은 시민사회의 법으로서는 부적합하다고 주장했다. 나는 그의 책을 읽으며 바로 우리의 법현실을 말하고 있는 것 같은 느낌을 받았다.

그 후 1740년에 시작된 오스트리아 계승전쟁이 1748년에 끝남으로서 18세기 이탈리아는 역사적 전환점을 맞게 됐다. 뒤이은 평화의 반세기가 새로운 사회개혁을 촉발했기 때문이었다. 그 중심은 밀라노였다. 밀라노는 18세기 초부터 오스트리아 신성로마제국의 영토여서 교회의 영향이 적었다. 1760년대에 들어서부터 밀라노에는 계몽사상가들의 모임이 생겨났다. 그 모임에서는 피에트로 베리(1728~1797)와 알레산드로 베리(1741~1816) 형제 그리고 베카리아가 중심이 됐다.

피에트로 베리는 그 잡지에 실린 논설 '유익한 학과' 에서 법학과 의학을 비판했다. 그는 소송에서 이기게 해주고, 환자를 낫게 하는 유용성 때문에 법학과 의학은 유익한 학문이라고 보는 일반 통설을 반박하며 이러한 직접적인 유익함은 '진리의 발견' 을 통하여 실현될 수 있는 학문 본래의 유용성과는 다르다고 주장했다. 즉 법학과 의학은 적절하게 처리되면 유익하나, 법률가와 의사가 과잉되면 사회에 해를 끼친다는 것이다. 따라서 그들은 '게으른 시민' 이 되거나 '일을 질질 끌기 위해 소송이나 음모 그리고 질병을 조장함에 틀림없고, 그러한 일은 유익한 학과라고 이름

붙이기에 걸맞지 않다'고 주장했다.

이러한 비판은 입신출세와 금전확보의 학문이 된 법학과 의학을 교육 및 학문의 중심으로 삼은 당시의 지배층인 도시귀족을 겨냥한 것이었다. 피에트로 베리는 1763년 귀족의 아성인 원로원을 공격하면서, 판사로서 법의 주인이 되어야 할 원로원이 시민의 재산, 생명, 명성에 관하여 법에 어긋나게, 또는 법 밖에서, 법에 규정된 형식에 따르지 않고 판결을 내린다고 비판했다.

그의 동생 알레산드로 베리는 더욱 직접적으로 로마법을 비판했다. 즉 공화국, 군주국, 전제정치라고 하는 이질적인 정치제도 하에 성립된 고대의 여러 법을 하나로 만든 것 자체가 무리이므로 그것은 파괴되어야 한다고 주장했다. 나아가 그는 군사사회에 불과한 로마의 우월성 자체를 의문시했다. 이는 당시의 봉건귀족에 대한 비판이기도 했고, 르네상스 이래의 전통적 인문주의에 대한 부정이기도 했다.

베카리아는 베리 형제의 계몽주의 활동에 참여하면서 그들의 권유로 형법을 연구해 1764년 《범죄와 형벌》을 썼다. 그 책을 낸 26세의 베카리아는 곧 국제적 명사가 됐다. 특히 프랑스에서 1765년 번역되자마자 반년 사이에 7판을 거듭했다. 이어 전 세계에 각국어로 번역됐다. 그러나 우리나라에서는 1995년에 와서야 번역됐다. 초판이 나온 지 230여 년이 지나서였다. 형법학과 형벌제도 개혁의 선구자라는 그가 쓴, 죄형법정주의와 사형폐지론의 고전이라고 하는 이 책은 법학도는 물론 사회과학도라면 당연히 읽어야 할 고전이다. 사형을 비롯한 부당한 형벌의 철폐와 감소를 주장한 이 책이 나온 뒤에 유럽 각국에서는 형사법 개혁에 박차를 가했다. 이 책은 지금까지도 여전히 형사법의 고전으로 평가되고 있다.

이론적으로는 19세기에 와서 독일을 중심으로, 형벌이 아니라 범죄의 감소에 초점을 맞춘 형사정책적 실증주의가 대두하여 베카리아를 중심으로 한 계몽주의적 고전파 형사법이론이 상당한 도전을 받았으나, 전자가 유태학살 등의 반인도적 결과를 초래하자 고전파의 이론이 새로 관심을 끌기 시작했다. 특히 인권 의식이 높아지면서 형벌과 행형에서 자의성과 재량권이 남용되는 데 대해 비판이 일고, 자의성과 재량권을 축소할 것을 요구하는 목소리가 높아지고, 인권 존중을 위해 신체의 자유가 중시되고 적법절차가 강조되면서, 베카리아 형사법사상은 재조명을 받고 있다. 따라서 이 책은 형사법이론 고전파의 고전이자 여전히 생명력이 있는 책으로 우리에게 다가온다.

그러나 베카리아는 단순히 법학자가 아니라, 사회사상가로 보아야 한다. 그는 자신의 사회이론을 펼치는 하나의 영역으로 형벌문제를 다루었기 때문이다. 로마법과 현실법 비판에서 비롯된 이탈리아 계몽사상은 베카리아 사상의 기본을 이루고 있지만, 베카리아 사상에서 중요한 특징은 범죄를 통하여 구체제의 사회제도에 반항하는 빈민의 소리를 담았다고 하는 점이다. 이 점에서 그는 단순히 지식인 중심의 이성 숭배에 그친 프랑스 계몽사상가들과 분명히 구별된다.

　베카리아는 명예라고 하는 귀족적 질서원리로는 자율적 질서를 형성할 수는 없다는 이유에서 사회개혁안으로 형벌제도를 비판적으로 검토했다. 즉 형벌제도 자체가 문제가 아니라 감정에 따라 활동하는 근대적 개인을 창출하기 위한 제도적 전제를 탐구한다는 데 그의 의도가 있었다. 이탈리아 계몽주의는 이처럼 감정을 중시한 점에서 이성을 중시한 프랑스식 계몽주의와 확연히 구별된다. 이는 멀리는 이탈리아 르네상스에서, 가까이는 비코에게서 받은 영향이다.

　그런데 베카리아가 말하는 근대적 개인은 아직 미성숙 단계에 머물러, 낡은 제도를 타파하는 주체로 계몽적 전제군주를 내세우게 된다는 점에서 명백한 한계를 보인다. 다만 인간을 단순히 이성의 주체가 아니라 감성의 주체로 보고, 그에 대한 형사법의 적용을 문제 삼은 점만은 높이 살만하다. 또한 그가 사회제도를 비판하면서 교육을 강조한 것은 근대 계몽주의적 한계라고도 볼 수 있으나, 현대에 사는 우리로서는 그것이 갖는 유용성을 전적으로 부정하기는 어렵다. 도리어 이는 현대의 교육형주의가 막연한 추상적 대안에 그치고 있는 점에 비해 일반적 교육을 통한 인간의 개선을 도모하고자 한 점에서 현대적 의의를 갖는다고 적극적으로 평가할 여지도 있을 것이다.

　특히 베카리아가 말하는 부자와 권력자에 대한 빈민의 저항은 소수자에 의해 체계적 조직도 없이 일어나며, 새로운 사회를 형성할 전망도 가지고 있지 않다는 한계는 가지고 있지만 그가 그리는 빈민들은 적극적이고 주체적인 태도를 분명히 보여주며, 빈곤 속에서 가족을 지키기 위해 구체제의 특권 계급에 도전한다는 점에 중요한 의의가 있다. 구체제의 특권이 허용되는 경우 인간은 더 이상 인격이 아니라 물건이 된다고 베카리아는 주장했다. 물론 베카리아가 빈민의 범죄를 찬양한 것은 아니다. 그가 추구하고자 한 것은 그러한 빈민이 범죄가 아니라 새로운 사회의 최대다수의 최대행복을 실현하기 위한 기초를 이루는 생산력으로 전환돼야 한다는 점이었다. 그것이 《범죄와 형벌》의 기본 이념을 형성했고, 그런 점에서 그 책은 단순한 형사법 이론서의 수준을 넘는 사회개혁의 지침이 되고 있다.

비코의 출생과 성장과정

잠바티스타 비코는 1668년[9] 6월 23일 아버지가 경영하는 나폴리 고서점가의 헌책방에서 태어나 1744년 나폴리에서 죽었다. 아버지가 헌책방을 경영한 것이 비코로 하여금 평생 책을 가까이 하며 살게 한 하나의 요인이 됐을 것이다. 그는 학교 교육을 전혀 받지 못한 것은 아니었으나 평생 스스로 독학자라고 불렀을 정도로 혼자서 공부한 시간이 많았다. 그는 18세부터 9년간 이웃 마을에서 가정교사를 한 것 외에 나폴리를 떠난 적 없이 홀로 연구에 몰두한 전형적인 학자였다.

비코의 아버지 안토니오 비코(1638경~1706)는 영세한 소지주

농가 출신으로 1638년에 태어나 1656년에 나폴리로 왔다. 1659년 나폴리의 마차 제조업 노동자의 딸 칸디다 마술로 (1639~1699)와 재혼했다. 그들은 8남매를 낳았는데 그중 여섯 번째 아이가 비코였다. 그들은 온 가족이 진흙 바닥의 지하 단칸방을 서점, 거실, 부엌으로 써야 할 만큼 가난했다.

비코 《자서전》 처음에 아버지는 활발했으나 어머니는 우울한 기질이었다는 서술이 나온다. 그리고 비코 자신도 아버지를 닮아 본래 활발했다고 한다. 그런데 초등학교인 문법학교에 다니던 일곱 살 때 침실로 쓰던 작은 2층 다락방으로 올라가다가 사다리에서 굴러 떨어져 머리를 심하게 다쳐 거의 죽을 뻔한 일이 있었다. 그는 이 일을 길게 설명하면서 3년 만에 회복은 됐지만 그 후 성격이 우울하게 변했다고 한다.[10] 그러나 그 일로 인해 평생 깡마른 절름발이로 살았다는 점은 말하지 않고, 도리어 그 일로 자신의 성격이 우울하게 바뀐 것을 '심오하고 능동적인 정신을 갖는 사람만이 갖는 것'이라고 자화자찬한다.[11] 그런 자화자찬은 《자서전》 전체에 걸쳐 이따금씩 나타나 우리를 웃게 만든다.

그는 10세에 문법학교에 복학한 후 자신의 성적이 뛰어났던 점을 독자에게 자랑하려는 듯이 역시 길게 설명한다.[12] 12세에 그는 기숙사가 딸린 예수회 신부들이 운영하는 기숙학교로 옮겼다. 그곳에서 교사들이 그에게 매질을 하고 그를 다른 아이들과 경쟁시키고자 한 데 대해 자신을 모욕한 것이라고 분개해 한 학기 뒤에 학교를 뛰쳐나왔다. 집에서 1년 반 정도 혼자서 지내며 매일 밤을 지새우는 독학을 하고 이어 논리학 등을 공부했다. 독학하는 동안 에마누엘레 알바레스(1526~1583)한테 지도를 받았다. 알바레스는 예수회 신부로서 《문법요강(De institutione grammatica libri tres)》(1572)을 지었는데 비코가 공부한 책도 이 책으로 짐작된다.

그는 당시 '문예(le lettere)' 공부를 한 것이 뒤에 "문예학자(il letterato)로서의 명성을 쌓는 데 도움을 주었다"고 자랑스럽게 말한다.[13] 그런데 여기서 문예란 문학이 아니라 라틴어와 그리스를 중심으로 한 고전어의 문법적, 수사학적, 논리적 연구에 의거하는 인문학(la umanita)보다 더 넓은 개념, 즉 학문, 비평, 지식을 뜻함에 주의해야 한다. 따라서 문예학자라는 말도 학자, 비평가, 지식인을 아우르는 말이 된다.

당시 비코는 르네상스 이래의 전통인 고전교육을 받고 라틴어로 산문과 운문 쓰는 법을 배웠으리라고 짐작된다. 그래서 비코는 평생을 두고 나폴리 귀족들의 결혼식이나 장례식을 위해 라틴어나 이탈리아어로 시를 낭송하는 시인으로서 시작(詩作)의 의뢰를 받았다.

《자서전》에는 당시에 읽은 책들이 언급돼 있으나, 거기에 언급된 스승들이나 고전에 대해 상세히 나열할 필요는 없으리라. 여하튼 그 시절 비코는 스콜라 철학으로부터 바로크 시대의 수사학자에 이르는 과거 4세기 동안의 지식을 습득한 것으로 보인다. 단 논리학에는 자신이 맞지 않았다고 말한다. 그리고 그 1년 반의 독학으로 인해 학문연구의 낙오자가 됐다고도 하면서, 자신과는 달리 데카르트가 자신의 학문을 위해 연구방법을 날조한 것과 비교한다.[14] 이는 데카르트의 《방법서설》에 나오는 데카르트 자찬의 이야기를 비판한 것이거나 자신을 데카르트의 위치에 놓으려는 수작이리라. 《자서전》이 그의 나이 50대에 쓰인 것임을 고려하면 그리 놀랄 만한 일은 아니나, 당대를 풍미한 데카르트와 자신을 비교한 것은 대단한 자부심이리라.

비코는 1683년 15세 때 다시 기숙학교에 복학해 철학을 공부하면서 플라톤 철학에 심취했으나, 이어 다시 1년간 집에서, 중세 철학의 전통에 르네상스 사상을 조화시키고자 한 스페인의 예수회 수도사이자 스콜라 철학자인 프란시스코 수아레스(1548~1617) 철학을 독학했다고 한다.[15]

1684년 16세에 그는 아버지의 권유로 나폴리대학에 입학해서 법학을 공부했으나 역시 잠깐이고 다시 혼자 법학을 공부했고, 18세[16] 때는 아버지와 관련된 소송에서 자신이 소송을 지휘하여 이기기도 했음을 자랑한다.[17] 그러나 자신이 법률실무에는 재능이 없음을 깨닫고 학문 탐구로 돌아섰다. 그리고 1686년부터 1695년까지 9년간 결핵을 치료하기 위해 나폴리 부근 시골에서 지내면서 그곳 귀족의 자제들을 가르치는 일을 했다. 그때 비코는 귀족의 서재에 있는 풍부한 장서를 읽어 자신의 사고를 확대하는 기회로 삼았다.[18]

그리고 그 사이 1689년부터 1692년까지 나폴리대학에 재적했으나 거의 출석하지 않는다. 당시 법학은 로마법에 의거한 국가

법과 교회법을 동시에 배우는 것이었다. 그리고 틈틈이 혼자 철학과 시를 공부했는데 아리스토텔레스에는 만족할 수 없어 플라톤, 데카르트, 에피쿠로스(기원전 341~270)로 향한다. 1694년 26세 때 그는 나폴리 대학 살레르노 대학원에서 법학박사 학위를 받는다. 그러나 여기서 말하는 법학박사란 지금의 학제로 보면 법학사에 해당하는 것이다.

에피쿠로스파와 데카르트

《자서전》을 보면 비코는 주로 독학을 했다고 한다. 그는 대식구가 북적거리는 가난한 집안에서 촛불을 켜놓고 밤늦게까지 공부했던 것으로 보인다. 그러나 《자서전》과 다른 사료에 의하면 그는 적어도 20대 초엽부터는 나폴리 학자 집단의 일원이 되었음을 알 수 있다. 당시 이탈리아 지식인들은 클럽이나 아카데미 또는 살롱에서 공식 또는 비공식으로 모여 광범한 영역의 다양한 주제에 대한 연구보고를 듣고 토론하기를 즐겼다. 비코 역시 그런 모임에 참여했을 것임에 틀림없다. 적어도 1695년 시골에서 9년여의 고독한 생활을 끝내고 돌아온 27세부터는 그러했고, 그 전에도 그런 지적 분위기를 알고 있었고 더러는 참가했을 것이다.

당시의 나폴리는 유럽에서 가장 큰 도시 중의 하나로서 인구가 약 50만 명에 이르렀다. 런던이나 파리에는 미치지 못하지만 당시 가장 번영한 도시의 하나인 네덜란드의 수도 암스테르담보다 인구가 많았다. 나폴리는 그 세 도시 정도로 지적 혁신의 중심이 되지는 못했으나 활발한 논쟁의 무대가 되기는 했다. 물론 그 세 도시보다 자유롭지 못한 분위기였다.

또한 의학과 수학의 교수였던 톰마소 코르넬리오(1614~1684), 과학자이자 의사였던 레오나르도 디카푸아(1617~1695), 법률가이자 신부인 카에타노 디안드레아(1625~1698) 등을 위시하여 저명한 지식인의 집단이 '탐구자'라는 이름의 아카데미를 중심으로 존재했다. 그들은 르네상스기의 신플라톤주의의 전통 속에서 특히 그리스의 철학자 에피쿠로스와 그 후계자인 로마 시인 루크레티우스(기원전 95~55)에 관심을 가졌다.

에피쿠로스파는 종교의 기원을 공포에서 찾고, 우주는 계획적으로 창조된 것이 아니라, 원자의 우연한 결합에서 생긴다고 보았다. 이것은 아리스토텔레스에서 비롯된 스콜라철학과 기독교에 저촉되는 유물론적인 것이었다. 그러나 당시 나폴리의 지식인들은 무신론자는 아니었고, 도리어 에피쿠로스파와 가톨릭을 조화시키고자 했다.

그럼에도 불구하고 가톨릭은 종교법원을 통해 엄격한 규제를 가했다. 1633년 갈릴레오가 유죄 판결을 받고 난 뒤 더욱 그러했다. 그래서 1691년 비코의 친구를 포함한 네 명의 지식인이, 우주가 원자로 구성되며 아담 이전에 인류가 지구에 존재했으며, 그리스도를 사기꾼으로 보는 학설을 믿었다는 죄명으로 고발됐다. 당시 비코는 23세였다. 비코는 《자서전》에서 이 사건을 언급하지 않으나, 23세의 나이에 겪은 이 사건이 그에게 엄청난 충격을 줬

으리라고 추측할 수 있다.

비코도 한때 에피쿠로스파에 빠졌다. 그 사실조차 신중을 기한 탓으로 《자서전》에는 언급되어 있지 않으나, 그가 25세에 쓴 '절망자의 심정'이라는 시에 그 흔적이 남아 있다. 그 시에서 그는 당대를 "퇴폐를 향한 철의 시대"로 묘사했다.

그 후 그는 자신이 전혀 에피쿠로스파에 기울지 않았다고 주장했으나, 《새로운 학문》에서 그가 묘사한 원시사회의 이미지, 즉 야수와 같이 원시림 속에서 생활하는 남녀의 이미지는 루크레티우스의 서사시인 '우주의 성립'에서 묘사된 세계와 유사했고, 번개가 그들에게 신의 존재를 믿게 한다는 것까지 흡사했다. 당시 가장 저명한 에피쿠로스파로 지목된 스피노자(1632~1677)의 《정치철학논고》가 비코에게 미친 영향도 컸다. 그리고 라이프니츠의 이성주의 철학과 갈릴레오와 뉴턴의 자연과학으로부터도 영향을 받았다. 특히 《새로운 학문》은 그 제목 자체가 갈릴레오의 《새로운 학문에 대한 대화(dialoghi delle nuove scienza)》에서 비롯됐다.

또한 비코는 당시 유행한 데카르트의 사상에도 일시 열중했다. 뒤에 그는 데카르트의 순수논리적 철학으로부터 벗어나나, 전통 학문이 학문으로서 불분명한 점에 대한 데카르트의 비판과 그의 기하학적 방법에 대한 찬양은 변하지 않았다. 특히 《새로운 학문》에서 그는 몇 가지 중요한 결론을 일련의 공리에서 연역하는 기하학의 형식에 따라 제시했다. 더욱 중요한 점은 비코가 데카르트의 방법론에 따라 당대의 고전만을 답습하는 고루한 학문의 결점을 극복하고 문자 그대로 '새로운 학문' 을 수립한 점에 있으리라.

불행하지만 가정에 충실했던 가장

비코는 1668년에 태어났으니 18세기가 시작된 1700년에는 이미 32세였다. 《자서전》을 쓴 1720년대에 그는 스스로 쇠퇴기에 들어섰다고 믿었기 때문에 그를 17세기 사람이라고 봄이 타당할지도 모른다. 사실 당시에는 30~40대가 장년기였고, 그 후는 노년기로 여겨졌다.

그의 평생 꿈은 나폴리대학의 법학교수가 되는 것이었지만 그보다 월급이 10분의 1밖에 되지 않는 수사학 교수직에 응모하여 1699년 31살 때 취임했다.[19] 나폴리대학은 1224년에 세워졌고 13세기에 토마스 아퀴나스가 강의한 곳으로도 유명한 유서 깊은 곳이다. 그러나 비코가 그곳에서 공부하고 배울 무렵에는 쇠퇴하여 여러 번 폐교되기도 했고, 그 후 줄곧 일정한 장소도 없이 옮겨 다니다가 비코가 죽고 난 뒤인 1777년에 재편됐다.

비코 당시에는 수사학(대체로 웅변술을 가르치는 것이었다)을 포함한 철학은 예비학과로서, 신학, 의학, 법학과 같은 전문학과에 진급하고자 하는 학생들을 가르치고, 진급 자격을 인정하는 증서를 주어 그 수수료를 받았다. 그 후 비코는 42년간 수사학 교수로 일하면서 몇 권의 책을 썼다. 어쩌면 그가 법학 교수가 되지 않은 것이 적어도 그의 다양한 학문 세계를 위해서는 다행한 일이었으리라.

비코는 《자서전》에서 개인 생활은 물론 가정사에 대해서도 일체 언급하지 않는다. 그 점에 대해 우리가 알 수 있는 것은 비코가 죽고 37년이 지나 1818년 비라로자 후작이 추가한 〈비코의 만년〉을 통해서이다.

그 글은 비코가 너무 가난하여 《새로운 학문》을 출판할 수 없어 성직자들에게 원조를 요청했으나 거절당하여 반지를 팔아 출판한 이야기로부터 시작된다. 당시 사회에서 서민 출신인 비코가 교수가 된 것은 대단한 일이었으나, 명색이 교수였지만 찢어지게 가난해 눈치 빠르게 아첨하며 살아야 연명이 가능했다. 그는 집에서 귀족 자제들을 상대로 웅변술이나 라틴 문학의 개인 교습을 하여 생활비를 벌었다.[20] 평생 극소수 몇 명을 빼고는 누구도 그를 독창적인 학자는커녕 일개 학자로서도 인정하지 않았다.

비코는 가정적으로도 불행했다. 교수가 된 1699년에 결혼한 그의 부인은 "평범한 주부에게 필요한 능력조차 갖고 있지 못했다." 그녀는 글을 몰랐고 가사도 제대로 꾸리지 못했다. 그래서 학자인 남편의 옷차림은 물론 아이들이 필요로 하는 모든 것에 대해서도 무관심했다.[21]

비코의 여덟 자녀 중 세 명은 어려서 죽고 세 아들과 두 딸만이 남았다. 특히 셋째 딸은 태어나면서부터 불구자여서 엄청난 치료비를 들였지만 결국은 일찍 죽었다. 장녀 루이자(1700~?)는 비코의 엄청난 사랑과 교육에 힘입어 여류시인이 됐다. 그러나 장남 이냐치오(1706~1737)는 어려서부터 범죄자가 돼, 감옥 생활도 하다가 31세에 죽었다. 겨우 차남 제나로(1715~1806)만이 그의 교수직을 잇는 학자가 됐다.

개강강연

당시의 이탈리아 대학에서는 수사학 교수가 새로운 학년이 시작되는 10월 18일, 학문을 권장하는 내용의 개강강연을 해야 했다. 1699년부터 1707년 사이에 행한 개강강연(Prolusione)[22]은 비코의 초기 사상을 이해하는 데 중요하다. 지금까지 비코 연구에서 이 강연들이 무시되어 왔으나, 나는 비코의 이해에 필수 불가결한 출발점으로 이 강연들을 주목해야 한다고 생각한다. 특히 모든 학문의 종합을 주장한 점에서 그렇다.

각 연설에는 제목과 논제가 있다. 가령 1699년의 제1강연 제목은 '우리는 우리 정신의 신적인 힘을 전면적으로 함양해야 한다'이고 논제는 '자신의 인식은 여러 교의의 모든 영역을 단시간에 답파하기 위한 최대의 자극이다' 이다. 이 강연에서 비코는 신이 만물의 정신이듯이 인간에게는 그 정신이 신임을 논증하고 학생들에게 모든 학문을 섭렵하여 혼의 신성을 함양해야 한다고 주장했다.[23] 이 강연은 비코가 갖는 특징인 모든 학문에 대한 학자로서의 종합적 관심이 이미 1699년 당시 제시됐고, 나아가 그런 입장에서 교수로서의 책무를 확인한 점에서 중요한 의의를 갖는다.

그의 '처음으로 돌아가라' 는 명제는 모든 학문이 하나였던 학문의 처음으로 돌아가라는 점에서 출발한다.

이어 1700년의 제2강연은 제목이 '우리는 혼을 미덕과 예지에 의해 육성해야 한다' 이고 논제는 '어리석은 자가 자신을 대할 때만큼 적대적이고 악의적으로 자신의 적을 대하는 사람은 없다' 였다.

그리고 교육과 그 고유한 역할 및 방법에 대한 1701년의 제3강연 제목은 '앞 강연의 보충. 우리는 보이는 것만을 위한 허술한 박학을 피해야 한다' 이고, 논제는 만일 겉으로 보이는 것만이 아니라 참된 박학, 허술한 것이 아니라 견고한 박학에 의해 빛나고자 한다면 우리는 문예사회에서 나쁜 기만을 모두 없애야 한다' 였다.

이 제3강연에서 비코는 "문예 사회에서는 공정하게 살아야 하고, 그 공유재산보다 더 많은 공물을 부당하게 강요하는 비평가, 그 공유재산의 증대를 저지하는 완고한 제 당파, 그 공유재산에 대한 부담금을 가로채는 사기꾼들을 탄핵했다"고 했다.[24] 즉 데카르트가 역사를 비롯한 인문과학이란 여행처럼 여흥거리에 불과하고 키케로의 하녀가 가졌음직한 정도의 정보를 제공할 수 있을 뿐이라고 보았듯이 비코는 당시의 훈고학을 비웃었다.

훈고학자들이여. 당신들은 가구나 의상에 대한 완전한 지식을 갖고 있으며 자신이 살고 있는 도시보다도 로마의 길거리나 길모퉁이를 알고 있다고 자부한다. 하지만 당신들은 무엇을 그렇게 자만하는가. 당신들이 알고 있는 따위는 모두 로마인 도공이나 요리사, 제화공, 여행자, 마을의 놈팡이들이 더 잘 알고 있던 것들이다.

그렇다고 비코가 고전의 연구를 완전히 무시한 것은 아니었다. 나폴리에서 '탐구자'를 대신하여 1698년에 창설된 새로운 아카데미 팔라티나(L' Accademia Palatina o di Palazzo Reale)의 회원으로 비코가 선출된 것은 그가 교수로 취임한 해였다.[25] 아카데미 팔라티나는 고전의 연구에 주력했다. 비코도 그곳에서 〈로마인의 사치스러운 향연에 대하여〉를 발표한다.

그러나 그것은 로마의 요리사가 더 잘 알았을 정보를 제공한 논문이 아니라, 로마가 아시아 취향의 사치생활에 의해 멸망했다고 논한, 윤리의 관점에 선 역사론이었다. 마찬가지로 다른 학자들이 발표한 글들도 현실과 무관한 것이 아니라, 고대 철학과 당대 철학의 유사점이나 로마 멸망과 당시 나폴리가 속한 스페인 왕국을 비교한 것들이었다.

이처럼 32세의 비코는 학문의 전문화가 오늘날처럼 극심하지 않은 당시에도 이상하게 보일 정도로 광범한 영역에 대한 관심을 보였다. 수사학 교수이면서 법학을 연구하고 수학과 물리학의 분야에도 밝았으며 자기학이나 의학도 토론했다. 물론 법학을 연구한 점은 그가 법학교수가 되기를 평생 꿈꾸었다는 점과 연결되나, 그렇다고 해서 그가 법학만을 연구한 것이 아님을 주의해야 한다.

당시 그는 '아르카디아'라는 또 다른 아카데미에도 속한 시인이기도 했다. 그것은 1690년, 당대의 바로크 취향의 시에 대항하여 자연스럽고 소박한 고전미로 돌아가자고 주장한 문학운동 단체였다. 이러한 시인으로서 문학을 창작하고 연구한 점은 그가 《새로운 학문》의 핵심적 개념으로 논의한 '시적 지혜'라는 개념의 형성에 결정적으로 기여한다.

비코는 위에서 소개한 로마사에 대한 논문에 이어 1701년, 스페인 지배자에 대항하다 실패한 음모에 대한 역사론《나폴리 황제의 음모(De parthnopa coniuratione)》를 쓴다. 그의 생전에는 발표되지 못한 그 글은 로마의 민주주의 역사가 사르스티우스(기원전 86~34)가 쓴 《카티리나의 음모》를 모델로 삼아 당대의 경제 사정까지 논의한 것이었다. 정치적 사건을 경제적 상황과 연관시키려고 한 점에서 비코는 마르크스를 위시한 경제사학자들의 선구자가 된다고도 볼 수 있다.

비코가 《자서전》에서 말했듯이 위에서 본 제1~3강연은 인간의 본성에 적합한 목적을 탐구한 것임에 비해 1704~1705년의 제4~5강연은 주로 정치적 목적을 다룬 것이었고, 1707년의 제6강연은 기독교도의 목적을 대상으로 한다는 점에서 달랐다.[26]

먼저 제4강연은 제목이 '각자는 시민의 공공적 선을 위해 교육되어야 한다'이고, 논제는 '만일 누군가가 문예연구로부터 최대의 이익을, 나아가 언제나 성실과 결합된 이익을 얻고자 한다면 국가와 시민의 공공적 선을 위해 교육되어야 한다'였다. 즉 "자기 이익을 위해서만 연구"하고 교육하는 학자를 비판하고 공공선을 위한 연구와 교육을 주장했다. 비코는 직접 현실 정치에 참여한 적은 없으나, 학문과 교육의 공공성에 대한 인식은 평생 견지했다.

이어 1705년의 제5강연은 제목이 '우리는 무력의 영광과 지배력의 확대를 문예에 의해 증대시켜야 한다'이고, 논제는 '국가는 문예가 가장 번영할 때, 전쟁의 영광에 의해 이름이 높아지고, 정치적 지배력이 강력하게 된다'는 것이었다. 비코는 고대사로부터 수많은 사례를 들어 이를 증명했다.

다음 1707년의 제6강연은 제목이 '우리는 타락한 인간 본성을 개량하고 인간사회를 더욱 확대하며 조장해야 한다'는 것이고, 논제는 '타락한 인간본성을 인식하게 되면 학예와 학문의 영역을 섭렵할 필요를 깨닫게 되고, 그것을 더욱 습득하기 위한 옳고 쉬우며 부단한 순서를 발견하게 된다'였다. 여기서 비코가 말하는 '타락한 인간본성'이란 성경에서 말하는 아담 이후의 타락을 뜻하고, 학예와 학문은 전통적인 7학문, 즉 문법, 수사학, 논리학과 함께 수학, 지리를 포함하는 기하학, 음악, 천문학과 기타의 모든 학문과 예술을 뜻한다.

이 강연에서 비코는 인간의 타락 이후 여러 이민족이 언어, 신념, 진실에 도달하는 데 필요한 성향을 상실했다고 보고, 따라서 그것을 얻는 옳은 방법을 수립하기 위해 고대와 현대의 인간 학문에 대한 연구가 필요함을 강조했다. 이는 심리적 발전의 자연

적 질서를 존중하는 교육 계획을 통한 지혜와 웅변과 분별의 개
발에 의해 가능하다고 주장했다.

종교와 정치에 대한 태도

비코는 가톨릭 신자였다. 그것도 정통파였다. 그의 친구 중에는
비정통파도 있었으나 그렇다고 해서 그들이 가톨릭이 아닌 것은
아니었다. 이탈리아 밖의 다른 유럽에서 16세기부터 피비린내 나
는 종교전쟁까지 불러일으킨 프로테스탄티즘은 이탈리아에 전혀
뿌리내리지 못했다. 따라서 비코 당대의 모든 이탈리아인은 숙명
적으로 가톨릭 신자일 수밖에 없었다. 이는 조선시대 사람들이
모두 유교 신자이고 지금 한국 사람들이 모두 자본주의 신자여야
하는 점과 다르지 않다.

당시 비정통파와 정통파 사이의 차이는 무엇이었을까? 기본적
으로 그것은 교회에 대한 충성일 것이다. 즉 비코는 앞에서 인용
한 어느 학자가 말하듯이 "독실한 신도로 자라서 마지막까지 교
회의 충직한 아들로 남았다." 그러나 이런 말은 오해를 불러일으
키기 쉽다. 우리가 비코의 태도로 말할 수 있는 점은 그가 당시 성
직자들과 적어도 외면적으로는 우호관계를 유지했다고 하는 정
도이다.

반면 내면적으로 비코는 적어도 결코 정통 가톨릭 신자가 아니
었다. 앞서 보았듯이 그는 20대에 가톨릭에 반하는 에피쿠로스파
에 심취했었고, 뒤에서 말하듯이 그가 《자서전》에서 1700년대까

84

지의 학문적 스승으로 받들었다고 말한 플라톤과 타키투스는 이
교도인 그리스 사람들이었으며, 그 후의 학문적 스승이 됐다고
말한 영국의 프랜시스 베이컨(1561~1626)과 네덜란드의 후고 그
로티우스(1583~1645)의 종교도 가톨릭이 아닌 프로테스탄트였
다. 그러나 누구나 알듯이 프로테스탄트도 기독교인이었다. 또한
비코가 깊은 영향을 받은 마키아벨리, 토머스 홉스(1588~1679),
스피노자 등도 정통 가톨릭의 입장에서는 비정통파나 불신자로
비난됐으나, 사실 그들조차 기독교인이었다.

비코는 성서에 대해 애매한 태도를 취하여, 뒤에서 말하듯이
그것을 지역사의 하나로 보는 듯한 결론에 이르는 태도를 보이기
도 했으나, 이를 이단적이라거나 자신의 진의를 숨기기 위해 고
의로 그런 애매한 태도를 취한 것이라고 보기는 어렵다. 도리어
나는 그가 18세기 이탈리아, 그것도 보수적인 나폴리 사람이라는
사실에 근거하여 그가 가톨릭과 반가톨릭이라는 두 가지 가치 사
이에서 방황한 탓이라고 본다. 또한 그는 그 둘을 통합하고자 노
력했다고 생각한다.

이는 종교가 곧 정치였던 당시에 비코가 취한 정치적 태도에서
도 마찬가지로 나타난다. 빈민 출신인 그는 귀족의 비호를 필요
로 했다. 그래서 당시 지배자를 찬양하는 시도 써야 했고, 1701년
실패한 음모자를 규탄하는 글도 써야 했으나, 뒤에 체제가 바뀌
자 반대로 그들을 찬양하는 묘비명도 써야 했다.

그러나 이 역시 외면적인 것이었고, 그의 내면은 달랐다. 종교

에 대한 글쓰기와 마찬가지로 애매하기는 했으나, 그는 《새로운 학문》에서 위인이 아닌 민중의 지혜가 역사를 결정한다는 사실을 강조했다. 그러나 그는 평민이 정당하다거나 우월하다고는 주장하지 않았다. 또한 그는 당시의 지배자인 귀족세력에 대항하는 어떤 정치적 움직임에도 가담하지 않았다.

학문의 스승들

《자서전》을 쓴 1720년의 시점에서 비코는 자신의 스승으로 네 사람을 꼽았다. 즉 플라톤, 타키투스, 베이컨, 그로티우스였다. 그 중 플라톤과 타키투스는 1700년까지의 스승이었다.[27] 플라톤과 그의 르네상스 후계자들인 신플라톤주의자들은 비코에게 다양한 영향을 미쳤다. 비코가 플라톤에 관심을 갖게 된 것은 아리스토텔레스의 형이상학이 윤리학이나 법철학의 형이상학적 기초를 정립하는데 미흡하다고 느꼈기 때문이었다. 앞에서도 설명했듯이 한때 자연주의와 에피쿠로스파에 기울었던 비코에게 플라톤은 새로운 학문의 등대로 다가왔다.

특히 그는 플라톤이 《국가》와 《법률》에서 이상적인 사회를 서술하며 인간을 "있어야 할 모습으로" 묘사했다는 이유로 그를 숭배했다. 그가 뒤에 《새로운 학문》을 썼을 때는 이미 플라톤으로부터 상당히 멀어졌으나, 그 중심 논점, 즉 사건의 유동이라고 하는 외견의 배후에 부동의 유형이 존재한다고 하는 의미에서 '영원한 이념사'라고 그가 부른 논점은 플라톤을 연상하게 하는 것

86

이었다.

비코는 또한 르네상스의 신플라톤주의자들, 즉 마르실리오 피치노(1433~1499)와 조반니 피코 델라 미란돌라(1463~1494), 그리고 이집트의 현인인 헤르메스 트리스메기스투스에게서 유래하는 고대의 지혜를 연구한 사람들에게 관심을 가졌다.

플라톤과 달리 인간을 "있는 그대로의 모습으로" 묘사한 타키투스에 대한 비코의 관심도 그를 잇는 17세기의 타키투스파 역사가들의 학설까지 포함하는 것이었다. 후자들은 로마의 여러 황제와 당대 군주들을 비교하여, 인간의 성질과 정치에 대한 타키투스의 염세적 견해로부터 하나의 체계를 세우고자 했다. 그들은 마키아벨리(1469~1525)도 타키투스와 같이 보았는데, 비코 역시 마키아벨리에 관심을 기울였다. 물론 그 누구에 대해서도 그는 비판적이었다.

이처럼 인간을 "있어야 할 모습으로"와 "있는 그대로의 모습으로" 묘사한 두 사람을 종합한 사람이 비코였다. 비코는 플라톤보다는 역사가에 가깝고 타키투스보다는 철학자에 가깝다는 이유에서 그런 종합이 가능했다. 이처럼 이상적인 것과 현실적인 것의 결합이 비코가 평생 추구한 지적 과제였다.

이 두 사람의 고전적 가치에 비해 베이컨과 그로티우스는 비코가 중년에 와서 관심을 가진 사람들이었다. 두 사람 모두 17세기 초 북유럽 출신이었다. 경험주의를 수립한 베이컨을 비코가 발견한 1707년 무렵 비코는 아직 플라톤주의자이자 데카르트주의자였다. 비코는 먼저 베이컨의 라틴어 소논문 〈고대인의 예지에 대하여〉를 읽었다. 이는 고전 신화를 정치나 과학의 비유로 해석한 글이었다. 가령 큐피드를 원자에 의한 우주의 구성을 상징하는 것으로 언급하는 식이었다. 베이컨은 데카르트의 근대성만이 아니라, 그것이 고대와 연속적으로 결합한다는 점을 보여주었다.

비코를 더욱 사로잡은 것은 베이컨의 《학문의 진보》에 나타나는 다방면 지식의 개관, 그 여러 가지 결함에 대한 비판, 그리고 개혁의 장려였다. 또한 《새로운 방법》에서는 자연 탐구에서 따라야 할 여러 법칙을 아포리즘으로 규정한 체제에 매료됐다. 나아가 베이컨의 귀납법과 모든 개별 학문의 체계화는 비코 철학에 중대한 영향을 미쳤다.

비코는 이러한 세 스승들을 자기 식으로 종합했다(그로티우스에 대해서는 뒤에서 언급한다). 그 보기가 뒤에서 보는 1708년의 개강 강연인 '현대 학문의 방법에 대하여' 였다. 여기서 비코는 베이컨의 《학문의 진보》를 언급하면서 학문과 과학을 폭넓게 논의했다. 즉 고대인의 지적 소산은 현대인의 그것보다 중요한가, 아니면 그 반대인가 라는 문제를 다루면서 데카르트의 수학적 방법을 찬양했다.

그러나 비코는 이 방법이 모든 학문과 예술에 공통된다고 하는 주장에도 불구하고 실천적 지의 영역, 즉 윤리학, 정치학, 법학에는 적용될 수 없다고 주장하면서 그런 영역에서는 고대인의 방법이 적용된다고 보았다. 즉 데카르트파가 인간의 세계에 대해서는 외면했다고 비판했다.

　이는 비코가 베이컨을 만나 데카르트로부터 해방되어 데카르트의 비판적 방법을 비판함을 뜻했다. 데카르트가 '명석하고 판명한 사상' 의 필요성을 강조함에 대해, 비코는 인간의 이해를 위해 외견적인 명석함으로 분석해낸 지식이 유해할지언정 유효하지는 않다고 주장했다.

'현대 학문의 방법에 대하여'

비코의 학문사에서 흔히 최초로 언급되는 것은 앞서 소개한 1708년의 제7개강강연 '현대 학문의 방법에 대하여' 로서 이는 그 전의 강연들이 사후에 소개된 것과 달리 강연 이듬해인 1709년에 출판됐다. 그 개강강연은 예년과는 다른 특별한 것이었다.

　먼저 시대상황이 특별했다. 나폴리 왕국은 16세기 초부터 스페인의 지배를 받았으나, 18세기 초에 스페인의 카를로스 2세가 죽고 그 왕위계승을 둘러싼 전쟁이 터져, 1707년부터 나폴리는 오스트리아 합스부르크 왕가의 카를이 이끄는 군대가 점령하고 있었다. 그런 상황이어서 나폴리대학은 그 개강식을 특별히 공개하여 카를에게 바치는 예의를 차렸다. 그리고 비코의 개강강연에는 학문과 정치를 결합시킨다는 의미가 주어졌다. 이는 비코에게 자신의 정치적 휴머니즘의 이상을 펼칠 절호의 기회이기도 했다. 게다가 강연원고는 대학이 비용을 부담하여 출판한다는 영광도 주어졌다.

이 강연에서 비코는 먼저 자신이 '인간적이고 지적인 지식을 통합하고자 한' 것이라고 본 앞의 강연들을 출판하지 않은 이유에 대해, 그것들이 '논제와 떨어져 있고,' 책이 너무 많이 출판되는 상황에서 '중요한 발견이나 유익한 발명의 책만이 출판되어야 한다'고 생각한 탓이라고 말한다. 반면 제7강연을 출판한 이유는 '유익한 새로운 발견'이기 때문이라고 한다.[28] 새로운 발견이란 모든 학문의 종합이 필요하고 그것은 인간이 만들었다고 하는 주장이었다. 학문의 종합에 대한 주장은 우리가 이미 보아온 바와 같이 초기 강연에서도 강조된 점이었으나, 데카르트를 더욱 근본적으로 비판하고 진리는 인간이 창조한 것이라고 본 점에서 새로웠다.

이 강연은 앞에서 설명했듯이 베이컨의 영향을 받은 것으로서, 제6강연에서 말한 교육 계획을 이행하기 위한 야심 찬 시도였다. 그 결론은 현대의 기하학과 역학 및 물리학이 확실성을 보장하는 데까지 이르지는 못했지만 그래도 상당히 진보했음에도 불구하고, 데카르트의 논증법에 잘못 인도되어 사회 정치생활의 성공적인 수행에 요구되는 교육방법에 대한 흥미를 잃게 하는 데에 기여했다고 비판했다. 그리고 데카르트의 논증법이 확실성을 낳는 유일한 분야는 기하학인데, 기하학의 본질은 인간이 창조한 점에 있다고 주장했다.

즉 비코는 태고의 자연학자가 사용한 비유적 표현을 예로 들면서, 그들이 시인의 부류에 속한다고 주장하거나, 인간이 만든 것이기 때문에 진리인 기하학과, 신이 창조한 자연을 연구하기 때문에 단지 참된 것에 불과한 자연학을 대치시켰다. 이는 뒤에서 보는《이탈리아인 태고의 지혜》나《새로운 학문》에 나타나는 진리창조론이다. 즉 우리가 만든 것에 대해서만 우리는 완전하게 알 수 있다고 하는 주장이다.

따라서 비코는 기하학적 진리는 물리이론의 수립에 필요하지만, 물리학은 실제의 실험이 필요 불가결하기 때문에 유사한 확실성을 수립할 수 없고, 기껏 유사성 밖에 찾지 못한다고 주장했다. 심지어 논증법은 그 선택과 우연의 무시할 수 없는 영향 때문에 사회생활과 정치생활에 요구되는 지혜와 분별에 더욱 적합하지 못하다는 것이다. 따라서 인간사의 건전한 판단의 발전을 위한 방법이 요구된다고 보았다. 이는 일상생활의 사실과 권리문제에 대한 판단에 이르기 위해 법률가들이 사용한 범주와 논의절차의 체계라고 하는 고전적 기술 속에 존재한다고 비코는 보았다. 그런데 이 기술은, 판단보다도 정서에 의해 지배되는 민중이 사용하기는 어려우므로 정치가는 웅변술을 습득하여 민중이 판단에 의해 수정된 실제를 택하도록 설득하여야 한다고 그는 주장했다.

따라서 이 강연에서 비코는 앞의 강연들에서와 마찬가지로 수사학 교수는 모든 학예에 정통할 필요가 있다고 주장했다. 왜냐하면 "웅변술은 아름답고 풍부하며 공통감각(sensus communis)에 적합한 방식으로 말하는 지식 그 자체이기 때문이다."

비코가 말하는 공통감각은 웅변술에서도 기본이 되지만 그가
《새로운 학문》에서도 강조한 기본 개념으로서, 데카르트의 비판
정신에 대항해 비코가 만든 개념이었다. 즉 공통감각은 데카르트
와 달리 이성에 근거한 것이 아니라, 본능과 관습에 근거한 '상
식' 이었다. 이는《새로운 학문》에서는 "모든 민족에 공통된 정신
의 언어"[29]를 뜻하는 개념으로 사용됐다. 즉 비코는 모든 인류에
공통된 내적 언어의 존재를 주장하고, 다양한 여러 언어는 그 내
적 언어의 다양한 '양상' 에 불과하다고 보았다. 즉 비코의 수사
학은《새로운 학문》에서는 앞에서 말한 언어문헌학으로 나타났
다.

또한 그는 청년 교육의 근간을 이루는 것, 특히 법정 웅변술의
실천적 기능도 잊어서는 안 된다고 주장했다. 휴머니즘적 전통에
선 그는 웅변술이 갖는 정동(情動)적 역할의 중요성을 강조하고
웅변가는 민중의 마음을 움직여 민중을 윤리적 의무감을 갖도록
만들어야 한다고 주장했다.

《이탈리아인 태고의 지혜》

위에서 본 1708년 강연을 비코 사상의 기원으로 보는 견해가 일
반적이기는 하지만, 그러나 나이 40세였던 그 당시의 비코는 아
직까지 한 사람의 독자적인 사상가라고 부르기엔 아직 부족한 면
이 있었다. 사상가 비코는 그 뒤에 탄생했다. 그것은 한편으로는
모든 지식에 대한 단일의 원리를 총괄하고자 하는 휴머니즘적 교

양에 서서 그 기초를 자기 부정적으로 분석하면서, 동시에 다른 한편으로는 정치실천의 현장에서 초월하여 고립된 길을 가는 것을 통해 비로소 이루어졌다. 그것은 당시 '학자들의 자만' 으로부터 모든 학문을 새롭게 구축하고자 한 자기 탈각의 노력이었다.

비코의 독자적인 사상은 1710년에 간행된《라틴어의 기원에 근거한 이탈리아인 태고의 지혜》[30]에서 더욱 명료한 형태를 갖추기 시작했다. 라틴어로 쓰여진 이 책은 친구 집의 만찬에서 시작된 논의를 계속한다는 형태로 쓰였다.[31] 이 책은 베이컨이 말하는 학문의 진보라는 이상을 수행하려는 것이기는 하나, '그리스인의 고대 지혜' 를 발견하기 위해 언어의 기원을 논한 플라톤의《크라틸로스》를 모델로 한 것이었다.

비코는 라틴어에서 "다수 어휘의 기원이 너무나도 학문적이므로 민중의 통속적인 용법에서가 아니라 어떤 종류의 축적된 학식에 유래하는 것처럼 생각된다"고 했다.[32] 그리고 초기 로마인은 "농업과 전쟁 이외의 일에는 종사하지 않았기" 때문에 이러한 어휘는 가령 고대 토스카나에서 살았던 에트루리아인처럼 "어딘가 다른 교양 높은 민족으로부터 차용한 것"이라는 결론에 이르렀다.[33]

그가 의도한 것은 몇 개의 라틴어의 어원을 근거로 하여 이탈리아의 원초적 사상을 복원하는 것이었다. 가령 '운명(fatum)' 이라는 말을 '창조된 것(factum)' 과 관련짓고 나아가 '그는 말했다(fatus est)' 와 관련지어 이탈리아 철학자들은 "창조된 것은 신이 말한 것"일 뿐만이 아니라 "창조된 것은 창조되지 않은 것으로는 될 수 없으므로 "운명은 왜곡되지 않는다고 생각했음에 틀림없다고 논했다. 따라서 비코는 현대인은 두뇌로 생각하는 데 반해 태고의 로마인은 마음으로 생각한다고 믿었다고도 주장했다.

이미 비코는 1708년의 제7개강강연에서 그가 다룬 실천의 지식 그리고 "분리된 여러 다른 요소를 관련짓는 능력"이라고 정의한 '창의(ingenium)'라는 것을 강조함에 의해 이를 데카르트파의 기하학적 방법과 명석 판명한 사상에 대항하는 무기로 사용하고자 했다.

이 책이 갖는 가장 중요한 의미는 신이 만든 자연 세계에 의해 형성된 형이상학적 형태는 신이 알고, 마찬가지로 신의 이미지로 형성된 우리는 우리가 창조한 것을 알 수 있다는 것이다. 즉 진리는 만들어진 것이라는 진리창조설(verum=factum)이다. 따라서 비코는 진리가 정신구조의 양상에 따라 변한다고 보았다.[34]

이 책에서 주목되는 또 하나는 비코의 자유교육사상이다. 비코는 이미 앞에서 본 여러 개강강연에서 그의 교육에 대한 확고한 의지와 사고를 천명했다. 그는 자연적 교육을 주장하고, 아동의 발달에 적합하지 않은 강압적 교육, 급격한 조정, 성장 세대를 왜곡시킬 수 있는 의도적으로 성급한 확정은 피해야 한다고 주장했다.

그러나 《이탈리아인 태고의 지혜》에 대한 반응은 냉혹했다. 어떤 잡지는 그것이 너무 난해하고 사변적이라고 비판했다. 사실 지금 우리가 읽어도 그렇다. 하지만 비코는 그 잡지에 장문의 편지를 보내어 자신의 논점이 정당하다고 반박했다. 비코가 자신이 이해되지 못한다고 느낀 것은 뒤에서 보듯이 이 때뿐만이 아니었다.

그런 이유로 비코는 그 책에서 물리학과 윤리학에 대해 논의할 예정이었던 부분을 집필하지 않고 미완으로 끝냈다. 비코는 물리학에 관련하여 '살아있는 육체의 균형에 대하여'[35]를 집필했으나 지금 그 원고는 남아 있지 않다.

그래서 철학적 어원론에 대한 연구는 더 이상 진전되지 못하고 비코는 나폴리의 귀족 전기인 《안토니오 카라파의 생애》[36]를 집필했다. 카라파(1642~1693)의 조카인 학생의 권유로 쓴 것이었다.[37]

카라파는 합스부르크 왕가의 황제 레오폴드 1세에 대항하여 초코리 백작(1656~1705)이 반란을 일으켰을 때 헝가리에 파견된 황제군의 지휘관으로서 반란을 진압한 자였다. 그러나 그 후에는 입장을 완전히 바꾸어 터키 제국군에 들어가 오스트리아와의 전쟁에 참전했다. 이 책은 비코가 1701년에 쓴 음모에 대한 글처럼 휴머니즘적 역사편찬의 전통에 속했다.

또한 이 책은 1701년에 비코가 논한 루이 14세의 정책만이 아니라 헝가리와 오스만제국을 다루면서 헝가리인에게 탄압자로 기억되는 카라파를 제대로 평가하기 위해 비코가 국제법 연구를 시작한 계기가 됐다.[38]

《보통법》

우리에게 그로티우스로 알려진 네덜란드의 후고 데그로트(1583~
1645)의 《전쟁과 평화의 법》(1625)은 당시 많은 사람들이 관심을
기울인 책이었다. 비코 역시 40대 후반인 1717년에 그 책을 읽고
그 주석서를 집필할 정도로 빠져들었다. 그가 지은 주석서는 현
재 전해지지 않지만 우리는 비코가 위에서 말한 세 스승을 다음
과 같이 비판하고 그로티우스에 이른 점에 대해서 주목할 필요가
있다.

첫째, 플라톤에 대해서는 그의 사변적 예지를 호메로스의 민중
적 예지에 의해 확증하기보다 도리어 수식했다고 비판했다. 둘
째, 타키투스에 대해서는 고대에서 그의 시대에 이르는 여러 사
실들을 체계 없이 산만하고 혼돈된 상태로 다룸으로써, 그 여러
사실에 대해 객관적 시각을 갖지 못하고 자신의 입장에서 형이상
학적, 도덕적, 정치학적 판단을 내렸다고 비판했다. 셋째, 베이컨
에 대해서는 당시 존재한 모든 지식에서 부족한 점은 보충하고
잘못된 점은 개선해야 한다고 보았으나, 법률에 관한 한 자신의
원칙을 지키지 못했다고 비판했다. 그는 베이컨이 법률에 국가에
관한 보편적 개념과 모든 시대의 이행과정, 모든 국민에 관련된
사항까지 포함하여 다루지 못했다고 비판했다.

이들에 비해 그로티우스는 "보통법[39] 체계 가운데 철학과 언어
문헌학의 모든 것을 포함시켜" 사회적 실천과 그 여러 원칙의 관
계를 분명히 밝히고, 여러 인간과학의 비데카르트적 체계를 구축

했다고 비코는 평가했다. 그로티우스는 국제법이란 여러 민족의 자연법에 보편적으로 존재하는 합리성의 확장이라는 점을 철학적·역사적으로 논의하여 그 정당성을 주장했다. 여기서 비코는 그로티우스를 통해 보편과 관련된 철학이 인간세계의 본성에 대한 이해에 기여할 수 있다는 관찰을 하게 됐다.

반면 비코는 그로티우스가 그 체계에서 신의 형이상학적 중요성과 타락의 역사적 중요성을 인식하지 못한 점, 그리고 그의 법에 대한 역사적 취급이 역사적 해석의 건전한 원칙을 결여하여 그 자신의 문명시대 법과 고대법을 동일시하는 시대착오에 이른 점은 비판했다.

이같이 그로티우스에게서 받은 영향과 그로티우스에 대한 비판을 근거로 하여 비코는 1720년부터 1722년에 걸쳐 《보통법》[40]을 집필했다. 이 책은 법학교수가 되기 위해 써 놓았던 두 편의 라틴어 논문을 합성한 것이었다.

그는 법의 철학적 원칙은 첫째, 인간 본래의 평등과 사회성이고, 둘째, 그것 못지않게 중요한 것이 신의 섭리라고 주장했다. 이처럼 섭리와 관련시킨 점에서 비코는 그로티우스와 결별하게 되나, 인간이 모여 이기적인 이익에서만 사회를 형성한다고 하는 마키아벨리나 홉스와 같은 회의파의 견해에 반론하기 위해서는 그로티우스에 의거해야 했다.

홉스, 사무엘 푸펜도르프(1632~1694), 존 셀던(1584~1654)과 같은 정치이론가들의 역사적 설명을 비판하면서 비코는, 루크레티우스가 묘사한 야만으로부터 역사가 시작됐다고 한 시대로부터 법의 합리적 체계가 어떻게 발전할 수 있었는가를 보여주는 건전한 방법이 필요하다는 믿음을 더욱 굳혔다.

법의 역사적 기원에 대해 비코는 남녀가 야수와 같이 지상을 방황한 시대까지 거슬러 올라가, 가족, 집단, 귀족정, 군주정, 민주정이라고 하는 연대순으로 상이한 사회형태가 발생했음을 설명하고, 공법이든 사법이든 엄격한 법이든 자애로운 법이든 각 사회에 고유한 법이 있음을 제시했다.

나아가 비코는 인류의 정치사를 이성이 약하고 상상력이 강한 '유년기'로부터 이성이 지배하는 성숙기로 나아가는 인간의 심리적 발달과 연관시켰다. 그는 법을 다루면서도 언어학, 문학, 종교는 물론이고 그리스 신화와 이탈리아 문화의 기원까지도 언급했다. 이것은 법에 나타나는 다양성이 문화의 다른 분야에 나타나는 다양성의 파악 없이는 불가능하다는 전제에 선 비코의 독특한 관점에서 나왔다.

《보통법》은 찬반양론을 불러일으켰다. 비코 자신은 이 책으로 자신이 1723년 나폴리대학 시민법 기초강좌 교수직을 맡게 되리라고 믿었다. 그러나 그는 채용되지 못했다.《자서전》에서 그가 채용을 위한 공개강좌에 대해 상세히 적고 있는 것을 보면 당시 탈락된 데 대해 불만이 많았던 것으로 보인다.

그 불만을 달래면서 비코는《새로운 학문》을 썼다. 이 책은 1725년, 즉 그의 나이 57세 때 간행됐다. 그전에는 라틴어로 책을

썼지만 마치 자신을 무시한 학자들과는 아무 관계가 없는 대중을
위한 책이라는 듯이 이 책은 이탈리아어로 썼다.

《새로운 학문》

《새로운 학문》의 초판에 비코가 붙인 본래의 제목은 "여러 민족
에 공통된 자연적 본성에 대한 하나의 새로운 학문의 여러 원칙"
이다. 이어 "이에 의해 여러 민족의 자연법의 개별 체계 원리가
발견된다"는 부제가 붙어있다. 사실 그 책은 앞의《보통법》에서
다룬 것을 확대하고 심화한 것에 불과했고,《이탈리아인 태고의
지혜》와도 연관된 것이었다. 그러나 이제 주제는 명백하게 자연
법의 원칙을 세우는 것으로 좁혀졌다.

　비코는 먼저 초판 1권에서 여러 민족의 자연법의 원리들을 여
러 국민의 인간성이 갖는 원리들 속에서 발견하고자 했다고 말했
다. 이어 초판 2권에서는 풍속의 발생을 그리스인들의 암흑시대
와 우화시대의 연대기에 의해 해석했다고 말했다. 이러한 내용으
로 초판은 1725년 말에 나폴리에서 출판됐다.

　비코가 원시인(비코는 이를 '원초의 인간' 이라고 쓴다)의 세계
를 추측에 의해 복원하고자 시도한 것도 그러한 의도에서였다. 그
는 이 책에서도 여전히 태고의 지혜를 탐구했으나, 이제는 그것을
원초 철학자들의 지혜라고 보지 않았다. 그는 그것을 관습, 신화,
제의 등을 통해 자기를 표현하는 '민중의 지혜' 라고 보았다.

　이제 비코는 자신의 스승이었던 플라톤, 베이컨, 마키아벨리,

그로티우스가 시대착오적 사상가였음을 확신했다. 그들은 원초의 인간을 "그들에게 고유한 근원의 사고에 근거하지 않고, 현시점의 사고에 맞추어" 묘사했기 때문이었다. 여기서 필요한 것은 '극한의 노력으로' 현대적인 편견으로부터 마음을 해방시키고, 이해력을 동원하여 '원초의 인간' 본성에 '들어가는' 것이었다.

그리하여 비코는 제도사만이 아니라 사고의 역사를 연구할 필요성을 느꼈다. 제도사와 사고의 역사 이 두 가지를 《보통법》에서 시도한 것보다 더욱 밀접하게 연관지을 필요성에서 그는 3종의 시대를 구분했다. 즉 신의 시대, 영웅의 시대, 인간의 시대이다. 각 시대는 각각 고유한 법과 세계관을 가지며 각각의 독자적인 언어를 발달시켰다고 보았다.

비코가 25년의 명상 끝에,[41] 또는 20년 만에,[42] 또는 문학생활 대부분에[43] 걸쳐 발견했다고 말하는 '학문의 기본원칙'은 최초의 인간이 이성적이었던 것이 아니라 상상력이 풍부한 시인이었으며, 제의나 상징 또는 신화가 보여주듯이 추상적으로 사고하지 않고 구체적으로 사고했다는 점이다. 시인이자 수사학의 교사인 점이 고대사가이자 법철학자인 비코에게 큰 영향을 미쳤다고 볼 수 있다.

비코는 자신의 책이 뉴턴(1642~1727)의 《수학원리》가 자연계에서 이룬 것과 같은 성과를 사회연구(비코의 말에 의하면 '시민세계' 또는 '민족의 세계')에서 이루었다고 자부하며 뉴턴에게도 그 책을 보냈으나, 뉴턴에게 도착했는지 확인할 길은 없다. 여하튼 그 책에 대한 반응은 없었다.

비코의 시대는 명석한 관념을 중심으로 한 데카르트가 일세를 풍미한 때였으므로 그러한 무반응은 도리어 당연한 것이었다. 비코는 데카르트가 말하는 진리가 수학과 자연과학 이외에는 적용될 수 없다고 보고 《새로운 학문》을 쓰기 시작했기 때문에 당대인들에게 관심을 끌지 못했던 것은 당연한 일이었다.

물론 예외도 있었다. 그에게 《자서전》을 쓰도록 권유한 로도리도 그중 한 사람이었다. 그의 편지가 얼마나 반가웠는지 비코는 그 편지 전문을 《자서전》에 실었을 정도였다. 그러나 자신을 '이방인'으로 여기는 경향이 더욱 강해져 비코는 1720년대에 일체의 사교생활을 중단하고 자신의 서재에 칩거했으며 독서조차 중단했다.

《자서전》은 비코가 《새로운 학문》을 집필하는 동안 의뢰를 받았다. 1728년 베네치아에서 발간되는 잡지에 《자서전》의 첫 부분을 발표했고, 1731년에 완성했다. 《자서전》에서 비코는 《새로운 학문》에서 설명한 역사의 원칙에 입각하여 자신의 생애를 설명하는 독특한 방법을 사용했고, 그런 점에서 지적 자서전이라고 하는 현대적 개념을 그가 만들었다고 하는 점을 강조해두고 싶다.

비코는 교수로서 개강강연은 계속 했다. 그 하나인 '영웅적 정신에 대하여'[44](1732)에서 그는 콜럼버스를 찬양하고, 데카르트 역시 비판하면서도 찬양했으나, 그들의 영웅정신을 찬양한 것이 아니라 자연과 신성에서 장엄성을 추구하고 인류 전체의 선의 실현을 지향한 점을 높이 샀던 것이다. 영웅정신이란 르네상스인들이 개인적 이해와 득실을 넘어 대담한 사고를 하기 위해 필요로 한 용기를 뜻했다.

만년에 비코는 《새로운 학문》을 거듭 개정했다. 아홉 번이나 개정했다고 하나, 지금 전하는 것은 3종뿐이다. 즉 1725년의 초판, 1730년의 2판, 1744년 비코가 죽던 해 간행된 3판이다.[45] 그가 죽기 직전 간행된 최종판은 5권으로 이루어졌고, 나폴리 화가 도메니코 바칼로(1681~1750)가 그린 삽화가 덧붙여졌으며,[46] 그가 다룬 7민족의 역사연표가 첨부됐다.[47] 그리고 마지막에 저자의 결론이 나온다.[48]

이하 우리가 검토하는 3판은 1판과 2판에 비해 개성이 강한 문장으로 씌어져 읽기가 더욱 어렵다. 그러나 더욱 내용이 풍부하고 구체적이며 시적이기도 하여 더욱 숭고한 맛을 준다.

만년에 비코는 수사학의 교과서 개정판을 내고, 귀족들을 위한 시도 썼다. 그리고 1735년, 67세 때 나폴리의 새로운 통치자인 샤를 부르봉의 역사편찬관으로 임명됐다. 그러나 곧 그는 눈도 안 좋아지고 건강이 나빠져 1741년 교수직을 그만두었다. 아들 제나로가 뒤를 이어 수사학 교수가 됐다. 비코는 그 후 완전히 기억을 상실하고 건강이 갈수록 나빠지다가 1744년 1월 22일 밤에 죽었다. 향년 76세였다.

그의 시신은 교수들과 가톨릭 신도회 사이의 운구 다툼으로 한

동안 방치되었다가 제나로에 의해 주변의 작은 교회 묘지에 거우 묻혔다. 교수의 묘소라면 당연히 있을 법한 비석 하나 없다가 그가 죽고 난 45년 뒤인 1789년 역시 제나로에 의해 조그만 묘비가 세워졌다.

03

새로운 학문의 기초

《새로운 학문》의 구조

비코의 《새로운 학문》은 1744년에 나온 책인데 우리나라에서는 1997년에 와서야 번역됐다. 무려 253년이 지난 뒤이다. 그나마 이탈리아어 원문에서 번역된 것이 아니라 일본어 번역을 중역한 것이니 앞으로 책임 있는 원어 번역이 요망된다. 이 책에서는 대체로 번역본을 참조하긴 했지만 필요한 경우 저자가 새롭게 번역했다.

현재 나와 있는 번역본도 582쪽에 이르는 대저인 만큼 읽기가 쉽지 않다. 게다가 바로크 시대라고 불리는 18세기 책인 만큼 대단히 난해하다. 그 책의 논증 전체를 구성하는 요소인 공리도 114개나 된다. 114개의 공리는 1권 '원리의 확립'의 2부 '원칙'에서 열거된다.

《새로운 학문》은 그 본래의 긴 제목과 대부분의 내용이 '자연법의 체계'로 되어 있으나, 그 실질은 '인간의 사상사'이다. 우리가 보통 사상사라고 말하는 것에는 철학자들의 사상만 언급되나,

비코는 그 사상 속에 신화와 종교, 풍속과 언어, 정치와 법률까지 포함시킨다. 그가 이 책에서 주장하는 것은 인간이 개인적 이익을 추구하면서도 시민법을 만들어, 그것에 의해 인간사회를 살만한 것으로 만들었다는 것이다.[1]

이 책은 권두에 실린 '저작의 이념' 과 권말의 '저작의 결론' 을 제외하면 본론은 5권으로 나누어진다. 1권 '원리의 확립' 에는 114개의 원칙이 서술되어 있다. 이것은 책 전체의 중요한 추론과 결론을 요약한 것이다. 2권 '시적 지혜' 는 이 책의 핵심으로서 아동, 시인, 원시인 사이의 비교를 중심으로 '시적 형이상학' 으로부터 '시적 지지학(地誌學)' 에 이르는 11개의 시적 학문을 설명한다. 3권 '참 호메로스의 발견' 은 비코가 생각한 근본적인 변화를 보여준다. 그는 호메로스의 작품을 고대 풍습을 연구하는 데 아주 중요한 자료의 보물창고로 보는데, 호메로스라는 시인은 실존인물이 아니라 픽션에 불과하다고 본다.

4권 '민족들이 걸어온 과정' 은 인류의 역사를 신의 시대, 영웅의 시대, 인간의 시대로 나누고 그렇게 변화하는 과정을 추적한다. 각 시대는 고유한 풍습, 법률, 언어, 정치를 가지며, 인간성에 대해서도 특유한 형태를 보인다고 비코는 본다. 그런데 비코는 이러한 과정의 역행도 가능하다고 본다. 따라서 5권에서 '민족들이 재귀했을 때 생긴 문명의 반복' 을 취급한다. 재귀란 원초시대의 반복을 뜻한다. 가령 유럽 중세는 영웅 또는 미개인의 제2시대의 회귀로 설명된다.

그런데 비코가 5권으로 편성한 체계를 따라 그의 사상을 이해하기란 쉽지 않다. 그보다는 비코가 관심을 기울인 몇 가지의 주제를 선택하여 검토하는 것이 편리하다. 즉 비코의 방법론, 역사관, 언어와 예술관, 자연법관이라는 네 가지 주제이다. 여기서 먼저 비코의 방법론을 검토하는데, 그 전에 《새로운 학문》의 권두에 나오는 '저작의 이념' 과 1권에서 5권까지의 본론에 대한 개관, 그리고 권말에 나오는 '저작의 결론' 을 간단히 살펴보아 전체를 개관하도록 한다.

비코는 하나의 그림을 통해 저작의 이념을 설명한다.[2] 그림에 상징성을 부여하는 방식은 오늘날 미술에 대한 설명에서 도상학(圖像學)이라고 하는 학문의 출발점을 이룬다. 도상학은 비코 시대는 물론 그 전후의 서양 회화를 이해하는 데에는 필수적인 지식이다.

그림 전체는 하늘과 지상으로 나뉘고 그 중앙에 천구의(天球儀)가 있다. 지금 우리는 하늘도 자연으로 보지만, 비코가 말하는 하늘은 신이고, 천구의가 자연세계이며, 지상의 상형문자는 민족세계를 뜻한다.[3] 배경에 두 인물이 있다. 하나는 천구의 위에 선 여성이고, 또 하나는 지상에 선 호메로스이다. 그밖에도 각자 상징적 의미를 가진 여러 상형물들이 있지만 일일이 검토할 필요는 없고, 여기서는 그 전체의 의미만 이해하도록 하자.

신과 자연 사이에 있는 여성은 형이상학을 상징한다. 형이상학은 지상인 "인간 영혼의 세계, 즉 문명세계 또는 민족세계 안에

저작의 이념

존재하는 신의 섭리를 증명하려는 것"이다.[4] 그런데 비코는 그 형이상학이 "자연질서를 통해 신을 명상해 왔기 때문에, 신의 일부밖에 밝히지 못했고, 인간이 사회적 존재라는 보다 특질적인 인간 본성을 매체로 신을 명상해 본 적이 없다"고 비판한다. 그래서 천구의는 일부만 제단에 얹혀 있는 것으로 그려진다는 것이다. 심지어 형이상학은 정신의 오만함으로 인해 운명론을 주장한 제논이나 육욕에 오염되어 우연론자가 된 에피쿠로스처럼 신의 섭리를 부정하기도 했다고 비코는 비판한다.[5]

그리고 인간은 신의 섭리에 따라 문명화됐는데, 이것이 참된 "인간의 문명사회적 본성이며 자연에 존재하는 법"이다. 이러한 "신의 인도야말로 이 학문이 해명하려는 근본문제의 하나"이므로 "이 책은 신의 섭리를 논하는 문명신학"이라고 주장한다.[6] 비코가 말하는 '신의 섭리'라는 것에 대해서는 여러 가지 해석이 있는데, 여기서는 보편성이라고 하는 개념으로 일단 이해하도록 하자. 그러한 보편성에 따른 역사 해석은 역사를 3단계로 나누는 것으로 나타난다. 즉 신의 시대, 영웅의 시대, 인간의 시대이다.

첫째, 야만의 시대인 신의 시대이다. 비코는 천구의 위에 나타난 사자자리는 민족의 시조인 헤라클레스를 상징하고, 역시 천구의 위에 그려진 처녀자리는 인류 역사의 '처음'인 '황금시대'를 '경작의 시작'이자 '미신에 휘말린 시대'로 봄을 뜻한다고 설명한다.[7] 이어 비코는 인류 '처음'의 시인인 호메로스가 시로 표현한 신화와 전설은 "고대 그리스 민족의 진정한 역사이며, 따라서 신들의 역사란 아직 미개하고 조악한 이교도 인간들이 인류에게 필요하거나 유익한 것은 무엇이든지 신성이 깃들어 있다고 믿었던 시대의 역사"이자 "그리스의 자연법을 발견할 수 있는 보고"라고 한다.[8] 여기서 우리는 비코가 신화나 전설을 통하여 역사와 자연법을 발견하는 인문사회과학의 새로운 인식을 주창함을 주의해야 한다.

비코는 인간문명 최초의 시기에 혼인, 매장, 농토의 분할소유가 시작되었으며 법과 도시가 세워지고 거인족이 다스리는 국가가 창설됐다고 한다.[9] 그런데 그들이 육체적, 정신적으로 '상궤를 벗어난 힘과 덩치'를 갖게 된 것을 비코는 신과 아담을 믿지 않았기 때문이며 반면 그것을 믿은 히브리인은 정상인이었다고 하는, 말도 안 되는 설명을 한다.[10] 그러나 이러한 거인관도 히브리인과의 비교를 제외하면 다윈의 진화설에 가까운 것임을 이해해 둘 필요가 있다.

이어 둘째, 귀족과 평민의 '영웅의 시대'인 고대 로마로 나아간다. 토지 소유권은 모두 귀족 손에 있었다. 예속민은 지배자에게 복종하는 데에 진력이 나서 마침내 토지소유권을 요구하면서 봉기하고 농지분쟁을 일으켜 영웅들에게 반항한다. 이 때 영웅법이 생기고, 알파벳이 기록된다. 언어는 다른 모든 것과 마찬가지로 삼림, 경지나 오두막, 가옥과 부락, 도시, 대학과 철학자의 발전단계를 밟는다고 한다. 또한 문자는 한 순간에 완성되는 것이 아니며 호메로스가 자신의 시를 단 한편도 문자로 남기지 않은 것을

보면 호메로스 시대에는 문자가 완성되지 않았다고 판단할 수 있다고 한다.[11]

이어 비코는 지상의 세계인 권력, 교역, 법의 변천과정을 설명하고 《새로운 학문》의 "형이상학은 신의 섭리의 빛에 비추어 제 민족에게 공통되는 본성을 통찰함으로써 이교 여러 민족에서 찾아 볼 수 있는 신사(神事) 및 인사(人事) 문명의 기원을 발견, 씨족들의 자연법 체계를 확립하고자 하는 것"이라고 말한다.[12]

영웅시대의 이교도들은 신의 지배를 받았고, 만사는 신점과 신탁에 의해 결정된다고 믿었다. 이 시대가 세속사의 가장 오래된 시기에 해당한다. 영웅시대는 모두 귀족제 국가였으며, 귀족은 평민에 비해 어떤 뛰어난 천성을 갖춘 것으로 여겨졌다. 마지막으로 인간의 시대에는 만민이 본성 면에서 평등하다는 것이 인정됨으로써 비로소 민주적 공화제가 태어났고, 이어서 군주제가 등장하게 되었다.[13]

이처럼 인간의 시대는 평등을 주장하는 시대라고 비코는 말한다. 그리고 각 시대의 언어인 침묵어(상형어), 영웅어(상징어), 인간어(속어)를 설명한다. 첫째 침묵어는 그들이 표현하고자 한 관념과 자연적 관련을 가진 기호 또는 물체에 의한 언어이다. 둘째 영웅어는 직유·비유·심상·은유·자연묘사처럼 영웅적 상징들을 사용하는 언어이다. 세째 인간어는 문명어라고도 하며 민중적 합의를 이룬 어휘들을 사용한다. 민중이 이 언어의 절대적 지

배자가 되는 인간어는 민주공화국과 군주국가의 주요 언어이다.[14]

한편 비코는 언어의 기원이 시적 상징에 있다고 말한다. 태고의 사람들은 한결같이 시인이었으며 시적 상징을 통해 말을 했다고 한다. 여기서 시적 상징이란 상상을 통해 만들어진 전형 혹은 일반 범주를 뜻한다.[15]

이어 각 시대의 법학을 신비신학, 영웅법, 자연평등법[16]으로 설명한다. 신비신학은 신화 속에 숨겨져 있는 것이고, 영웅법은 준엄하고 가혹하며, 자연평등법은 각자의 특수한 이익을 지키려는 것이다. 이처럼 비코는 《새로운 학문》을 '자연법의 체계'로 제시한다.

《새로운 학문》 1권 '원리의 확립'은 비코가 말하는 역사 3단계, 즉 신의 시대, 영웅의 시대, 인간의 시대[17]를 설명하는 1부 '연표 설명'으로 시작된다. 이는 히브리, 칼데아, 스키타이, 페니키아, 이집트, 그리스, 로마라는 7개국에 대한 것들이다.[18] 비코가 각 민족사에 대해 설명한 것을 여기서 일일이 다 검토할 필요는 없을 것이다.

비코는 히브리인이 세계 최초의 민족이라고 하나, 근거에 대한 설명은 명확하지 않다.[19] 문제는 비코가 히브리 역사의 최초를 아담부터라고 하면서도[20] 연표는 노아의 세계대홍수에서 시작한다는 점이다.[21] 또 하나 불분명한 점은 《12표법》(기원전 451년에 제정된 로마 최초의 성문법)이 아테네에서 로마에 전해진 것을 부정하면서도 동시에 긍정한다는 점이다. 이 점과 기타 로마법 그리고 호메로스에 대한 비코의 견해는 뒤에서 다시 언급한다.[22]

한 가지 아쉬운 점은 비코가 중국에 대해 언급하면서도[23] 그 연표는 작성하지 않았다는 점이다. 이는 중국에 대한 지식이 결여된 탓이라고도 볼 수 있겠으나, 당시의 중국에 대한 학문 수준에 비추어보면 반드시 그렇게만 볼 수도 없다는 문제점을 갖는다. 이는 공자 철학을 '황당무계하다'고 보는 점에서 알 수 있다.[24]

여하튼 《새로운 학문》 1권 2부 '원칙' 이하 5권까지의 설명은 기본적으로 위 연표에 의거한다는 점을 우리는 주의할 필요가 있다. 그 중에서 핵심은 2부 '원칙'에서 제시되는 114개의 공리 또는 정리이다. 즉 책의 전체를 관통하는 핵심적 원칙들이다. 그것에 이어 3부 '원리'와 4부 '방법'으로 1권은 끝난다.

그리고 2권 '시적 지혜'는 앞에서 말한 역사의 탐구를 행하는 비코의 독특한 취급을 보여주고, 그 정점이 '참 호메로스의 발견'이라는 제목의 3권이다. 그리고 4권은 역사의 3단계에 대한 보다 상세한 설명이고, 5권은 그러한 3단계의 역사의 재귀, 즉 '제 민족이 재귀했을 때 생긴 문명의 반복'을 다루고 있다.

위에서 본 '저작의 이념'에 이어 비코는 5권에 이르는 본론을 전개한 뒤 마지막에 '저작의 결론'을 제시한다. 그 첫 문장에서 그는 "선량하고 정직한 사람들이 최고의 귀족이 되는 네 번째 종류의 국가를 생각한 플라톤과 함께 이 작품을 끝내고자 한다"고 말한다.[25] 따라서 우리는 그가 플라톤에 따르는 이상국가론자, 또는 이상적 계몽군주를 대망한 계몽주의자임을 알 수 있다.

비코는 플라톤의 국가를 섭리에 의해 태어난 신의 국가라고 보았다. 인간들은 혼인에 의해 가족을 만들었다. 이어서 도시와 국가가 발생했고, 영웅의 시대, 인간의 시대로 나아간다.[26] 그리고 다음과 같은 결론을 내린다.

여러 민족으로 구성되는 이 세계를 만든 것은 인간이지만 그것은 의심할 여지없이 종종 인간 스스로가 설정한 특정의 의도와는 다르게, 때로는 그것과 완전히 모순되는, 언제나 그것보다 뛰어난 정신에서 생겨난 세계였다. 그리고 이 정신은 인간의 한정된 목적을 더욱 광범한 목적에 도움이 되는 수단으로 만들어 언제나 이 지구상에서 인류를 보전하기 위해 사용해 왔다.[27]

그리고 그는 "지배계급인 귀족이 평민에 대해 영주로서의 자유를 남용하려 한다면 오히려 법의 지배에 복종하지 않을 수 없게 되어, 거기서부터 민주적 자유가 태어나게 된다. 또 자유민들이 법의 속박에서 벗어나기를 바라면 도리어 군주에게 복종하게 된다. 군주들이 자신의 지위를 강화하기 위해 온갖 악습으로 신민을 타락시키려고 기도하게 되면, 결과적으로 인민을 보다 강력한 다른 민족에게 예속시킬 뿐"이라고 하여 당시의 현실에 대한 명백한 메시지를 보내고 있다.

이는 이어지는 그 다음 구절에서도 나타난다. "여러 민족은 스스로 사분오열되는 것을 바라며, 그들 가운데의 생존자는 불사조처럼 소생하게 되는 것이다."[28] 그리고 그 앞에서 비코는 자신의 시대를 "원초의 인간이 사려의 야만에 의해 그렇게 된 이상으로 내성의 야만에 의해 더욱 비인간적으로 된 짐승"[29]의 시대라고 평가한다.

이러한 모든 것을 행하는 것은 결국 정신인 것이다. 왜냐하면 인간은 지성에 의해 그런 것을 행하기 때문이다. 그런 것을 행하는 것은 운명이 아닌 것이다. 왜냐하면 사람들은 선택을 바탕으로 그런 것을 행하기 때문이다. 또 우연도 아니다. 왜냐하면 그들은 항상 그렇게 행할 뿐 아니라, 그로 인해 생기는 결과는 동일하기 때문이다.[30]

비코는 따라서 우연설을 주장한 에피쿠로스나 그의 추종자인 홉스와 마키아벨리를, 운명설을 주장한 제논과 스피노자를, 섭리를 거부한 푸펜도르프, 셀던, 그로티우스, 벨, 폴리비오스를 거부하고 섭리를 인정한 플라톤과 키케로와 기독교를 따른다.

그러나 이러한 논의는 자연법에 대한 믿음에서 비롯되는 것이지 기독교적 신의 절대 자체를 믿는 것과는 다르다. 왜냐하면 그가 이상으로 삼는 자연법, 즉 '유덕한 행위에로 감각을 인도하는 것은 정신' 이고, 그것은 마지막에서 말하는 섭리의 세 등불, 즉

'경이의 감각', '존경의 감각', '무엇인가를 찾으려고 열중할 때의 타는 듯한 뜨거운 욕구'에 의한다고 말하기 때문이다.[31] 이는 바로 비코 자신의 자연법에 대한 열정을 말하는 것이나 다름 없었고, 그것을 통해 자신의 시대를 포함한 인류의 역사를 비판한 것이었다.

비코의 연구방법

앞에서 나는 비코의 직업이 법률가라고 보는 사람들의 주장을 부정했다. 법률가라고 하면 보통은 판검사나 변호사 또는 법학자를 연상하기 때문이다. 그는 그런 직업을 가진 적이 없다. 그는 43년간 수사학 교수를 한 것 이외에는 다른 직업을 가진 적이 없다. 말하자면 그는 웅변술을 가르치는 대학 선생이었다. 물론 그것이 요즘의 웅변학원에서 가르치는 것처럼 요란한 수사로 말장난을 하는 기술과는 다르다고는 해도 큰 차이는 없다. 또한 그의 시라는 것도 그런 웅변적 수사학과 크게 다를 바가 없었다.

비코가 많은 사람들에게 기억되는 이유는 그런 면 때문이 아니다. 비코가 사람들의 관심을 끄는 이유는 《보통법》과 《새로운 학문》이 보여주는 독창적인 사상 때문이다. 법의 철학적 원칙이나 역사적 기원을 밝힌 《보통법》이나 자연법을 중심으로 새로운 학문체계를 구상한 《새로운 학문》은 모두 비코가 법학자로서 쓴 책이다. 그러나 현대의 법률가들은 그런 비코에 대해 아무런 관심도 기울이지 않는다. 그가 쓴 책들은 법학 이외의 다른 사회과학

분야에서 주목되고 있을 뿐이다.

비코가 법학을 가르치는 직업을 갖지 못했음에도 불구하고 평생 법을 연구한 것은 수사학교수보다 수입이 열 배나 높고 사회적 지위도 높았던 법학교수가 되기 위해서였을 것이다. 그러나 그 꿈이 좌절된 뒤에도 그는 죽을 때까지 법학 연구를 그만두지 않았다. 이는 비코가 뜻한 사회에 대한 연구가 당시에는 법학 연구를 중심으로 한 것이라는 점에서 이해될 필요가 있다. 따라서 그의 연구방법론도 당대의 법학 연구방법론에 근거한다고 볼 수 있다.

나는 그의 연구방법론이 그가 법을 연구하면서, 특히 그로티우스를 읽으면서 한편에는 신에서 유래하는 정의의 원리인 자연법이 있고, 다른 한편에는 그러한 원리를 반영하거나 왜곡하는 실정법이 있다고 하는 점을 알면서 시작됐다고 본다. 즉 그의 방법론은 고대 로마나 근대 초에, 자연법으로 불린 불문율이 실정법으로 바뀌는 과정에 주목하고 있다. 그는 불문율이 의미하는 여러 원리를 보여주고 그것을 재해석하는 법률가의 방법론에 의거해 그의 이론을 구성했다. 비코가 《새로운 학문》에서 공리 또는 원리라고 부른 것은 바로 그러한 자연법의 원리를 뜻하고, 그것에 비추어 실정법을 포함한 여러 사회현상을 설명한 것은 바로 실정법에 대한 연구를 의미한 것이었다.

여기서 우리는 법의 오랜 전통에서 끝없이 논쟁되어온 자연법론의 역사를 되풀이하거나 그것의 옳고 그름을 따질 필요는 없으리라. 다만 원리와 실제 현상이라고 하는 방법론이 비코 연구방법의 핵심이라고 하는 사실만 확인하고 넘어가자. 비코는 때로 법에 대한 자연법론과 실정법론을 통합하는 태도를 보인다. 나는 그러한 태도에 찬성하는 입장이지만 이에 대해서는 뒤에서 다시 살펴보도록 하고, 여기서는 비코의 연구방법에 대해서 좀 더 살펴본다.

비코는 무엇을 가지고 연구하느냐가 아니라 어떻게 연구하느냐 하는 것이 중요하다고 보았다는 점에서 우리에게 중요한 시사를 준다. 그는 그야말로 글의 행간을 읽고 저자가 의도하지 않은 '무의식적인 표출내용'을 탐색했다. 그런 점에서 비코는 텍스트 자체의 읽기에 주력하는 정통 역사학자들과 달리, 텍스트의 현대적 해석에 중점을 두었다.

가령 호메로스 서사시를 초기 학자들은 문자 그대로 트로이 전쟁 이야기로, 즉 역사적 사건을 위한 자료로 읽었으나, 비코는 그것을 습속과 신앙의 자료로 읽은 최초의 학자였다. 호메로스는 사람들이 어떻게 싸우고, 어떻게 잔치를 열었으며, 어떻게 생각했는가에 대해 우연히 무의식적으로 썼던 것이다. 따라서 그것들은 신뢰할만한 자료라고 판단하고 비코는 이것을 체계적으로 분석했다. 그런 의미에서 비코는 사회문화사를 비롯한 현대 역사학의 선구자였다.

여기서 우리는 특히 비코가 모든 것에 대한 판단을 중지하는 회의주의자는 결코 아니었으나, 역사적 지식에 대해서는 언제나

회의적이었음을 주목할 필요가 있다. 이는 17~18세기 학자들이 고대에 대한 그 이전의 견해를 회의한 것과 통했다. 그래서 가령 《새로운 학문》의 연구 대상인 "고대 이교민족에 대해 전해 내려온 모든 것이 불확실한 것"이었다고 주장하면서, 다음과 같이 그 연구의 독창적인 의의를 강조했다.

> 그렇다면 이 문제에 접근하는 것은 이른바 '처녀지'에 발을 들여놓는 것과 마찬가지이며, 동시에 '먼저 점령한 사람이 승리'라는 법칙이 통용되게 되는 것이다. 따라서 우리가 논하려는 것이 제 민족의 문명의 기원을 둘러싸고 지금까지 밝혀진 내용과 다르거나, 때로는 비록 정반대의 것이 되더라도 그것이 특정인의 권리를 침해하는 것이 아님은 물론이다. 지금까지 제 민족의 문명의 기원에 대해서는 갖가지 가설이 나왔으나 상호간 어떤 공통기반도, 항구적 연속성도, 일관성도 보여주지 못한 것이 현실이었다. 그러나 앞에서 밝힌 대로 지금부터의 작업은 종래의 지식을 원리에 환원시키고, 그 원리를 매개로 각 민족의 원시기원을 확실한 역사적 사실에 입각시킴으로써 여러 가설간의 균형과 일치점을 찾아내는 일이 될 것이다.[32]

위 글은 《새로운 학문》1권 1부의 결론에 해당되는 것이다. 여기서 우리는 한 학자가 스스로 평생 사고한 것이 얼마나 새로운 것인가를 말하며 기염을 토하는 모습을 본다. 그러나 그는 언제나 중도에 선 탓으로 '민족의 자부'나 '학자의 자부'와 같은 오류에는 빠지지 않았다. 즉 자민족 중심주의나 학자 중심주의에 빠지지 않았다. 이는 1권 2부 '원칙'의 처음에 제시되는 공리 중의 공리이다.

민족 중심주의와 학자 중심주의의 배격

《새로운 학문》 1권 2부에 제시된 114개의 원칙 중 제1공리는 다음과 같다.

> 인간은 어떤 사물이 멀리 있고 미지의 것이기 때문에 어떤 관념도 가질 수 없는 경우에는, 눈앞에 있는 이미 알고 있는 것에 근거해 판단을 내리게 된다. 이것은 인간정신이 갖는 하나의 특질이다.[33]

가령 역사학에서 사료가 먼 과거의 것일수록 주관적으로 미화되고 과장되기 마련이고, 외국에 관한 연구에서도 먼 곳이면 먼 곳일수록 그 실제는 역시 주관적으로 폄하되거나 멸시되기 마련이다. 우리는 그러한 경향을 비코 시대만이 아니라 우리 시대에서도 얼마든지 예를 들 수 있다. 사이드는 《오리엔탈리즘》에서 비코가 민족과 학자의 자만심에 대해 언급한 것을 지적하고 그것이 오리엔탈리즘을 형성하는 요인이었다고 설명한다.

위의 공리에서 비코는 인간의 공통된 두 가지 습성이 생겨난다고 본다. 먼저 자민족 중심주의에 대해 그는 이집트인의 예를 든 뒤에[34] 그리스인이나 야만인에서도 자민족 중심주의가 보인다고 하면서, 다음과 같은 공리를 세운다. "민족의 자만 또는 자긍심에 대해" "어느 민족도" "다른 어느 민족보다도 앞서 쾌적한 인간생활을 산출하고 그야말로 세계의 시작부터 역사적 기록을 갖는다는 동일한 자만심을 품고 있다." "이 공리는 태고 세계의 인류 역사를 처음으로 수립했다고 하는 칼데아인, 스키타이인, 이집트인, 중국인의 자만심을 일거에 없앤다."[35] 이러한 편견도 비코가 말하는 경우 외에도 얼마든지 있을 수 있다. 가령 대부분의 나라는 그 민족의 실패나 후진성에 대해서는 결코 적극적으로 역사에 서술하지 않는다.

그러나 그 근거로 성경의 성사(聖史)를 인용하는 부분에 가서는 수긍이 가지 않는 점도 있다. 그는 "성사에 따르면, 세계의 연대는" 그 여러 민족이 "생각하고 있는 것만큼 오래된 것이 아니다. 이는 성사가 진실을 전하고 있다는 하나의 큰 증거가 되는 것이다"라고 주장한다.[36] 도대체 무슨 근거에서 성서를 절대시하는 것인가? 또한 성경에 따르면 다른 민족이 주장하는 역사가 그르고, 그래서 성서가 진실을 전한다고 주장하는 것은 무슨 근거에서이고, 결국 이는 순환논법에 빠지는 것이 아닌가? 여하튼 비코는 '성서 중심주의'에 빠져 있는 것은 사실이다. 그리고 그 성서가 히브리 민족의 것이므로 그는 '히브리 민족 중심주의'에 빠져 있는 것도 사실이다.

이러한 비코의 성서 중심주의에 대해서는 앞에서도 논의한 것처럼 당시 스페인의 지배 하에 있던 나폴리 교회의 탄압을 우려

한 탓이라고 할 수 있으나, 동시에 그 자신 종교에 대한 인간적 가치를 인정하는 입장에서 다른 이교를 분석하기 위한 전제로써 주장된 것임을 이해할 필요가 있다.

또한 비코는 학자들의 자만심에 대해 고대 학자들의 예를 든 뒤에[37] 학자들은 그들이 "알고 있는 것이 세계와 비슷하게 오래된 것이라고 생각하는 버릇"이 있는데, "이 공리에 의해 고대인이 가늠할 수 없을 정도의 지혜를 소유하고 있었다는 제 학설은 모두 소멸된다"고 주장한다.[38] 비코에 의하면 역사연구자 자신의 생활을 지배하는 가치기준은 그 역사연구자가 취급하고 있는 역사의 중요인물의 생활을 지배하는 가치기준과는 매우 다르다는 것이다.

따라서 고대의 모든 고전들은 "모두 허구의 산물임이 분명해진다." 이러한 주장에 따르면 비코가 한 때 열중한 그로티우스 등이 말한 사회의 기원에 대한 학설도 모두 무산될 것이다. 이 점에 대한 근거로 비코는 성서를 인용하지는 않으나, 달리 근거를 보이지 않고 있다는 점이 문제이다. 따라서 비코의 '학자 중심주의'에 대한 비판도 '성서학자 중심주의'에 대한 비판은 되지 않는다고 비판할 수 있다.

이러한 '성서 중심주의'는 비코를 이해하는 데 결정적인 장애요소가 된다. 후대의 많은 학자들이 주장했듯이 그것은 가식에 불과한 것이라고 해야만 우리는 비코를 근대적 인간으로 볼 수 있게 되기 때문이다. 이에 대해 비코의 글을 문맥 그대로 읽어야 한다고 주장하는 사람들은 그것이 가식이 아니라고 볼 것임에 틀림없다.

여기서 우리는 하나를 선택하지 않을 수 없다. 나는 비코의 현대적 읽기를 주장하는 입장에서 그의 가톨릭 중심주의를 하나의 가식으로 보고자 한다. 그러나 비코는 분명 무신론자이거나 종교가 불필요하다고 주장한 사람은 아니었다. 그는 종교의 가치와 기능을 충분히 인정한 객관적인 역사학자였음을 우리는 인정할 필요가 있다.

비코는 위에서 말한 고대에 대한 과장과 민족 중심주의 그리고 학자 중심주의라고 하는 편견 외에도 자료의 허위성 또는 민족 간 문화전파에 관한 편견을 지적한다. 이는 뒤에서 다시 설명하지만, 이는 두 민족이 서로 유사한 사상이나 제도를 가지고 있을 때 두 민족이 그것을 서로 배워온 것이라고 생각하는 오류를 말한다. 가령 중국민족이 한민족을, 그리고 한민족이 일본민족을 가르쳤다고 함은 오류라고 하는 것이다.

비코는 그런 오류가 인간정신의 원초적인 창조력을 부정한 데서 기인한다고 말한다. 설령 어느 민족이 다른 민족에게 배운 것이 확실하다고 해도, 배우는 입장에 있는 민족은 가르치는 입장에 있는 민족이 가르치는 것만을 아무런 변화시킴도 없이 배우는 것이 아니라, 그 민족이 지니고 있는 그 이전의 역사적 발전과정을 위해 필요하다고 생각되는 것만을 배운다고 비코는 주장한다.

비코의 철학 비판과 섭리론

위에서 보았듯이 비코는 학자 중심주의를 비판하면서 철학이 약한 인간을 일으켜 세우고 부축해주는 적극적인 역할을 담당해야 한다고 주장했다"[39] 그는 스토아주의가 운명을 벗어나고자 하고, 에피쿠로스주의가 우연에 모든 것을 일임함으로써 섭리를 부정한 점을 들어 두 가지를 모두 비판한다. 반면 플라톤주의가 신의 섭리가 존재한다는 점, 인간이 정념을 조절함으로써 덕력(德力)을 발휘하게 된다는 점, 인간의 영혼이 불멸이라는 점을 인정한 것을 중시하고 이것을 《새로운 학문》의 세 가지 원리로 받아들였다.[40]

이어 비코는 법이 한 사회의 힘과 부와 지혜를 창출해내는 것은 인류의 세 가지 악덕, 즉 흉포, 탐욕, 야심을 가지고 군대, 상업, 궁정을 만들었기 때문이라고 한다. "이렇게 하면 지상의 인류를 멸망시킬 수도 있는 이들 3악으로 사회적 행복을 창출할 수 있는 것이다."[41] 그런데 비코는 그것이 신의 섭리에 의해 이루어지는 일이라고 말한다.

각자가 사리(私利)에만 몰두해 있으면 야수 못지않은 고립상태에서 살아갈 수밖에 없는 인간의 정념으로부터, 인간적 사회생활이 가능하도록 사회질서를 창출하는 신성한 입법정신이야말로 신의 섭리가 아니고 무엇이겠는가.[42]

그러면서도 다시 "사물은 본연의 상태를 벗어나서는 안정도 불가능하며, 오래 지속되지도 않는다"고 하여[43] 법의 자연상태에 대한 논쟁을 비판하고 "인간에게는 비록 약한 것이기는 하지만 정념을 덕력으로 바꾸려 하는 자유의지가 있다는 것, 그러나 이 자유의지는 자연 차원에서는 신의 섭리, 초자연 차원에서는 신의 은총의 도움을 받고 있다"고 주장한다.[44]

자유의지는 본질적으로 극히 동요되기 쉬운 것이나 인류에게 필요한 것과 유익한 것에 대한 사람들의 공통감각에 의해 분명하게 확정된다.[45] 필요한 것과 유익한 것에 대한 공통감각은 자연법의 두 원천인데 비코는 이 공통감각이 다시 신의 섭리에 의해 부여된다고 본다.[46] 이러한 논의로부터 비코는 종래 자연법이 전파되었다고 보는 통념을 반박하고 자연법은 각 주민 속에서 독립적으로 발생했다고 주장한다.[47]

철학과 언어문헌학의 결합

이상의 논의에 이어 비코는 공리 9에서 다음과 같이 주장한다.

사물에 대한 진리를 아직 인식하지 못하는 단계에서 사람들은 확실한 것과 정해진 것을 따르려고 노력한다. 그렇게 되면 그들이 추상적 지식을 통해 지성을 만족시키는 일은 가능하지 않겠지만 최소한 공통된 지식 안에서 그들의 의지를 편하게 쉬게 할 수는 있을 것이다.[48]

여기서 비코는 사물에 대한 진리를 발견하기 위해 철학과 언어문헌학을 결합시켜야 한다고 주장한다.[49] 그가 말하는 철학은 우리가 지금 말하는 철학과는 달리 '모든 인간사의 원리 체계'를 뜻하고,[50] "영원의 이념사라는 발상을 바탕으로 모든 민족의 역사 전체에 일관된 흐름을 재발견하여 학문의 형태로 환원하는 것"이라고 한다.[51] 그는 다음과 같이 철학의 의의를 강조한다.

철학이 인류에게 도움이 되기 위해서는 비틀대는 약한 인간을 일으켜 세워 부축해야 하며, 그 본성을 억압하거나 타락하도록 방치해서는 안 된다.[52]

이 공리는 감각을 말살하려는 스토아주의자를, 또 반대로 감각을 기준으로 하는 에피쿠로스주의자를 이 《새로운 학문》의 동료 자리에서 추방한다. 전자는 운명에서 벗어나려 함으로써, 후자는 우연에 모든 것을 맡기려 함으로써 모두 신의 섭리를 부정하고 있다. 더군다나 후자는 한술 더 떠서 인간의 영혼이 육체와 함께 멸망한다고 주장한다. 양자 모두 '수도원의 철학자 또는 고독의 철학자'로 불러야 마땅하다.[53]

이에 반해 언어문헌학은 인간의 자유의지의 근거와 출처를 탐색하는 학문이다. 의지의 근거와 출처에 의거해 우리는 무엇이 확실한 것인가에 대한 공통된 지식을 얻게 된다.[54] 즉 언어문헌학은 "인간의 자유의지적 선택에 의존하는 모든 것과 관련된 학문을 말한다. 언어, 풍습, 전쟁과 평화의 시기에 나타나는 인간행위의 역사 같은 것들이 여기에 포함된다."[55] 언어문헌학자란 "사람들의 언어와 행위를 이해하는 데 도움을 주는 문법학자, 역사학자, 비평가 모두를" 말한다. 여기서 행위란 국내적으로는 습속과 법률, 대외적으로는 전쟁, 강화, 동맹, 여행, 통상 등을 포함하는 말이다.[56] 이러한 언어문헌학을 우리나라에서는 역사학이라고 보는 견해가 있으나, 이는 비코의 논의를 부당하게 좁힌 것이다. 즉 모든 민족의 행위와 언어 등에 대한 모든 인식을 말하는 것으로서, 문법학, 역사학, 고고학, 법학, 사회과학 등이 모두 포함된다. 이처럼 비코는 언어문헌학을 당대의 고전적 교양이나 경험적 증거라는 뜻으로서만 사용하지 않고, 인간 문화의 모든 측면으로 이해했다.

따라서 철학이 연역법이라면 언어문헌학은 귀납법을 뜻했다. 이러한 점에서 귀납법과 연역법은 비코에서 통합됐다고 할 수 있다. 그리고 이러한 방법론은 그가 법을 연구하면서, 특히 그로티우스를 읽으면서 한편에는 신에서 유래하는 정의의 원리가 있고, 다른 한편에는 그러한 원리를 반영하거나 왜곡하는 실정법이 있다고 하는 점을 발견하면서 시작됐다.

비코에 의하면 철학이 없는 언어문헌학은 아무런 관련 없는 사실들의 수집이나 내적 통일성이 결여된 특수성의 축적에 불과하다. 나아가 보편성을 결여한 역사학이나 언어문헌학은 진정한 학문이기는커녕 그 자체가 불가능하다고 비코는 본다. 따라서 비코가 다루는 수많은 사료는 모두 보편법칙에 근거한 재구성의 시도이다. 보편성 없는 역사 서술이란 그에게는 무의미하다.

그러나 비코가 말하는 언어문헌학은 언어연구를 뜻하기도 하고, 어원연구를 뜻하기도 한다. 그의 어원연구는 자기 멋대로 상상한 것이기 때문에 그 본래의 형태를 복원함에 있어 충분히 엄밀하다고는 말할 수 없으나, 당시의 수준으로서는 도리어 당연한 것이었다고 할 수 있다. 왜냐하면 언어학자들이 산스크리트의 중요성과 인도유럽어 여러 언어의 유사성을 발견한 것은 18세기 말부터 19세기 초였기 때문이다. 다만 그의 어원연구 중에 언어의 역사가 신화의 역사와 함께, 사회관습과 사고방식의 변동에 대한 유력한 증거가 된다고 본 것은 상당히 독창적인 관점이라고 할 수 있다.

여기서 명백히 강조하여야 하는 점은 비코에 있어 철학과 언어문헌학의 결합은 단순히 방법론에 그치는 것이 아니라 그의 학문의 본질을 이루고 있다는 점이다. 그는 야만의 시대에 나타나는 위기를 치유하기 위해 '처음으로 돌아가라'고 외쳤다. 처음으로 돌아가 처음을 탐구하기 위해서는 철학과 언어문헌학을 결합하여 활용하는 일이 필요불가결한 요소였을 것이다. 실천적 학문으로서 정립된 그의 사상 안에서 철학은 원리를 이루고 언어문헌학은 그 원리를 입증하는 다른 모든 인문사회과학을 뜻한다.

비코 자신 '새로운 비판의 기법'이라고 부른 언어문헌학은 그가 알고 있는 한 인간생활의 가장 오랜 증언을 대상으로 한 것이다. 비코가 지극히 적은 사료로부터 고대세계를 복원한 점에 대해서는 누구나 경탄하지 않을 수 없다. 그러나 그는 당시 학자들처럼 직접 고전 저술가들을 대상으로 삼지 않았다. 고전 저술가들은 고대세계 이후 "적어도 천 년 이상의 세월이 흘러" 출현했기 때문이다.[57]

그러나 그것만으로는 충분하지 못함을 비코는 알았다. 그래서 언어문헌학적인 귀납법을 적용하기 전에 하나의 연역적 원칙인 철학이 필요했다. 그는 "이 책에서는 지금까지 볼 수 없었던 새로운 비판방법으로 이교 민족들의 시조(始祖)들에 관한 진실을 탐구할 것이다. 지금까지 다른 문헌 비평들에서 다루었던 작품의 작가들이 실제로는 이교 민족들의 시조들이 살았던 시대보다 무려 천 년 이후에 살았던 사람들이기 때문이다. 이 책에서는 철학이 언어문헌학적 검토를 거치게 될 것이다" 라고 말한다.[58] 그런 이유로 해서 비코는 철학과 언어문헌학을 통합한 방법론을 학문의 토대로 삼았던 것이다.

비코는 언어문헌학 연구에 20년 이상이 필요했고, 연구생활의 태반을 보냈다고 말한다.

이교도 세계에서 생겨난 이러한 태초의 인간의 사고방식을 재현하는 것은 극히 어려운 일이었다. 나는 그 어려움을 극복하고 태초의 인간을 연구하는 데 무려 20년이 걸렸다. 나는 오늘날의 문명화된 우리의

본성을 떠나 상상을 초월한, 거의 이해하기 불가능한 태초 인간들의
야만상태로까지 내려가야 했기 때문이다.[59]

내 문학생활의 태반은 이를 위한 집요한 탐구에 소비됐다고 해도 지
나친 말이 아니다. 오늘날 문명화된 우리의 입장에서 볼 때 태고인들
이 가지고 있던 이러한 시인적 성격은 도저히 상상할 수 없는 것이며,
이를 이해하는 데에는 상당한 노력이 필요하다.[60]

비코는 태고의 세속적 지혜를 '시적 지혜'[61]라고 부르면서 다
음과 같이 설명한다.

이교도 최초의 지혜인 이 시적 지혜는 오늘날과 같은 이론적이고 추
상적인 것이 아닌 태고인에게 어울리는 감각적이고 상상력이 풍부한
형이상학이었다. 왜냐하면 그들은 이성 따위는 거의 갖고 있지 않았
으며, 다만 거칠고 강인한 감각과 왕성한 상상력의 지배를 받고 있었
기 때문이다. 이것은 공리 35에서 말한 내용과 같다. 이러한 감각적이
고 상상력이 풍부한 형이상학이 바로 그들의 시였던 것이다. 그들의
시는 그들의 타고난 시적 능력에서 나왔다. 그들은 감각과 상상력을
타고나기 때문이다. 그들의 시는 또한 사물과 현상의 원인에 대해 무
지했기 때문에 만들어진 것이었다. 그들로서는 무지가 온갖 것에 대
한 놀라움의 바탕이었으며, 아무것도 몰랐기 때문에 강한 숭배심이
생겨난 것이다.[62]

위 글에서 공리 35란 "상상은 이성이 약해짐에 반비례해서 더욱 강해진다"는 것이다.[63] 이러한 태고인의 상상이 낳은 시적 지혜를 비코는 언어, 법, 윤리, 논리 등에서 찾는다. 우리는 그 각각의 분석을 뒤에서 검토하겠지만 일단 여기서는 비코가 그 모두를 통일적으로 파악했다고 하는 점만 강조하고 넘어가자. 즉 비코는 특정한 유형의 화법이나 언어의 특정한 용법과 구조가 특정한 유형의 정치 및 사회구조와 필연적으로 관련된다고 보았다.

비코는 이러한 유기적 관계를 동일한 본성에서 수행되는 인간의 다양한 활동을 통해 추적할 수 있다고 믿었다. 그 이유는 사람들이 자신들의 힘과 동기 그리고 반응과 사회관계의 다양한 유형들을 구경꾼이 아닌 참여자로서 의식하기 때문이다. 이는 뒤에서 설명하는 진리창조론과 맥락을 같이 하는 것으로서 비코에게 가장 중요한 기본관점이 된다.

이러한 철학과 언어문헌학의 결합이라고 하는 비코의 기본관점은 권위라는 개념에 대한 그의 분석에서 절묘하게 나타난다. 이는 뒤에서 사이드가 비코의 정치철학으로 해명하는 기본 개념으로서도 중요한데, 여기서는 비코가 분석을 위해 든 보기를 가지고 설명해 본다. 비코 자신 이를 《새로운 학문》의 '원리적 관점'이라고 했고, 그가 '원리적 관점'으로 본 7계(系, corollary 어떤 정리에서 이끌어낸 다른 정리) 중의 하나인 제2계이다.[64]

비코에 의하면 권위의 원어인 아우토리타스(autoritas)는 본래

'자신의 것' 이라는 의미이며 로마 《12표법》에서는 소유권을 뜻하는 것이기도 했다고 한다. 비코는 권위가 첫째, 신의 것으로 시작됐다고 본다. 즉 이 권위를 가지고 신은 인류 태초의 거인들인 티티우스와 프로메테우스를 자기 것으로 만들었다고 말한다. 그들은 험준한 벼랑에 사슬로 묶인 채 심장을 독수리가 쪼는 대로 맡겨둘 수밖에 없었다. 이것이 제우스의 신점 종교이다. 제우스는 모든 신들과 인간들이 이 사슬의 한쪽 끝에 매달리고 자신이 다른 쪽 끝을 잡더라도 그들을 끌어당길 수 있다고 선포하여 자신이 인간 및 신의 왕임을 표현했다.[65]

둘째, 권위는 인간의 '의지의 자유로운 행사' 를 뜻했다고 비코는 고대 시인들의 여러 표현을 통해 분석한다. "왜냐하면 인간은 모든 인간 문명의 이 최초 시점 이래 완전히 부드러워졌거나 아니면 정상적인 방향이 주어짐에 따라 육체운동을 제어할 수 있는 인간의 자유의지를 갖기 시작했기 때문이다. 이때부터 거인들은 지상의 대삼림을 방황하는 야수적 습관을 삼감과 동시에 종래와는 정반대로, 동굴 안에 몸을 숨겨 오랫동안 참고 견디는 습관을 몸에 익히게 되는 것이다."[66]

셋째, 권위는 자연법의 권위, 즉 소유권이 되어 초기 왕국과 도시국가가 생겼다고 비코는 말한다.[67] 비코는 이러한 권위의 확실성을 인류의 '공통감각' 인 자연법에서 찾는다. 즉 자연법은 철학자들이 말하는 것이 아니라, '여러 민족들의' 자연법이다.

이러한 공통감각으로서의 자연법은 시대에 따라 변한다고 비코는 본다. 가령 처음에 평민들은 귀족의 소유권을 용인하다가 결국은 거부하게 된다. 따라서 비코는 당시의 그로티우스, 셀던, 푸펜도르프 등 자연법학자들이 인간 본성의 불변성과 보편성을 전제로 하여 때와 장소를 가리지 않고 자연법이 존재한다고 주장하는 데에 반대한다.[68]

그러나 동시에 비코는 뒤에서 보듯이 이성적인 법에 대한 절대적인 철학적 가치 평가를 포기하지는 않는다. 이는 언어문헌학적 사실들을 철학에 근거하여 '새로운 학문'을 성립시키는 비코의 기본자세에서 비롯되는 것이기 때문이다.

비서양에 대한 오해

《자서전》에서 비코는 자신이 독학을 하며 혼자 연구했다고 말했지만 독학을 하면서도 당대의 책을 많이 읽었을 것이다. 다만 주의할 점은 당시 유럽에서 이탈리아, 특히 비코가 평생을 칩거한 나폴리는 학문의 중심지가 아닌 변방이었다는 점이다. 유럽의 다른 어떤 지역보다 가톨릭이 강세를 띤 나폴리는 자유롭지도 풍요롭지도 못한 학문적 풍토를 가지고 있었고 따라서 비코는 매우 제한된 독서를 했을 것이다.

앞에서 우리는 서양 중심주의를 배격하는 사이드가 비코를 자신의 스승으로 삼았다고 말했다. 그런데 비코는 서양의 자료만을 검토했다는 점에서 사이드가 문제로 삼는 서양 중심주의에 젖은 것이 아닌가 의심된다. 그는 미개인의 정신을 설명하면서도 당대의 아시아나 아프리카 자료는 '여행자의 이야기'에 불과하다고 보아 거의 언급하지 않고[69] 호메로스나 타키투스에 의한 게르만 미개부족 자료에만 의거한다.

그가 언급하는 것은 겨우 이집트나 중국의 그림문자, 남아프리카인이 신에 대한 인식을 결여한다고 하는 것에 대한 비판, 기니, 멕시코, 페루, 아메리카의 원주민들이 매장되지 않은 시신의 혼은 지상을 방황한다고 믿었다는 점 정도이다.

앞서 말했듯이 비코는 혼례나 예배와 함께 장례의 보편성을 주장한다. 비코가 그렇게 주장하는 것은 정당하기에 보편적이고 보편적이기에 정당하다고 주장하는 순환논법에 빠지는 문제는 있지만 당시 브라질이나 앤틸리스 제도(카리브 해의 서인도 제도에서 바하마 제도를 제외한 섬들) 주민들이 종교를 가지고 있지 않았다고 하는 당시의 주장을 배척하는 통찰력의 기반이 됐다. 비코는 아메리카 원주민이 유럽에서 이주했는가 아니면 아시아에서 이주했는가를 가지고 당시 열띤 논쟁이 일고 있었음을 알고 있었지만 그러한 전파설에는 무관심했다. 반면 멕시코인의 그림문자에 대해서는 관심이 컸다.

원초 시대의 거인족을 설명하면서 비코는 당시 유럽에서 거대한 체구의 인간으로 믿어진 파타고니아인을 보기로 들었다. 또한 신의 시대를 설명하면서 아메리카 인디언이 모든 존재를 신으로 부른 점을 보기로 들었다.[70]

비코는 극동에 대한 관심도 컸다. 극동에 대해 그가 가진 정보는 주로 예수회 선교사들의 보고서에서 읽은 것들이었다. 비코는 일본 황제가 영웅적 특징을 갖고 있다고 추측했다. 치명적인 무기로 무장한 잔인하고 무시무시한 신을 공경하며 지극히 대담한 공상의 산물인 종교를 신봉하기 때문이라는 것이다. 그리고 일본 귀족은 영웅시대 로마 귀족처럼 평민이 자신들과 같은 인간성을 갖는다는 사실을 인정하지 않았다고 했고, 일본어에는 라틴어와 유사한 면이 있다고 보았다.[71]

비코는 1112단락 중에 18단락에서 중국을 언급한다. 그러나 연표에는 중국이 포함되지 않고, 오로지 중국의 표의문자에만 열중했다. 그러나 그는 중국인은 3백 개의 말에 대해 12만 개의 상형문자를 가진다고 말할 정도로 무지했다. 그리고 고대 로마나 중국에서 용이 시민의 힘을 나타낸다고 하는 점이 놀랍다고 말한다.[72]

한편 이슬람 세계에 대해서는 당시에 잘 알려져 있었음에도 불구하고 거의 언급하지 않는다. 반면 고대 중동의 칼데아(20단락), 페니키아(30단락), 고대 이집트(95단락)에 대해서는 상세히 서술한다. 그러나 그들이 태곳적부터 시작되는 오랜 역사를 갖고 있다는 주장은 거부한다.

이집트에 대한 그의 상세한 설명은 역사나 언어와 관련된다. 그는 헤로도토스를 인용하면서 이집트 역사는 그가 말하는 3단계를 거쳤다고 주장한다. 동시에 각 시대에 신성한 문자인 상형문자, 영웅적 문자인 상징어, 민중문자인 서간어(書簡語)가 사용됐

다고 말한다.[73]

그러나 19세기에 와서 이집트 상형문자는 비코가 말한 영웅적 그림문자가 아니라, 표의문자임이 밝혀졌다. 그러나 현대 이집트 학자들은 승려용이나 민중용 문자를 문제로 삼고 있으므로 비코의 견해가 반드시 틀렸다고도 할 수 없다.

사실 비코는 서양에 대해서도 불완전한 지식을 보였다. 그는 회귀를 주장함에도 불구하고 그 보기인 중세에 대해 큰 관심을 갖지 않았다. 그는 학생시절에 중세철학을 공부했으나 그것이 중세에 대한 애착을 갖게 하지는 않았다. 단 중세의 법제나 중세 게르만 언어에 대해서는 소상히 알고 있었다. 그러나 중세의 허례적인 도덕에 대해서는 반감을 가졌다.

또한 그가 '토스카나의 호메로스'라고 부른 단테의 《신곡》을 '숭고한 시'의 전형으로 보았는데, 이는 참된 단테의 발견으로 평가된다. 그러나 그는 14세기 단테를 포함한 중세 전체를 야만의 시대로 본다.

비코의 중심적 관심은 호메로스에서 플라톤에 이르는 고대 그리스와 고대 로마였다. 《새로운 학문》에는 로마사의 이야기로 가득하다. 로물루스 신화시대(42단락), 《12표법》(71단락), 키케로(39단락), 타키투스가 해부한 로마의 여러 황제 등에 대한 언급이 자주 나온다. 비코는 로마사로부터 인류사의 원칙을 끌어내어 다른 사회에 적용했다.

이러한 고대 중시와 중세 무시는 비코가 데카르트를 알았음에도 불구하고 최후의 르네상스인임을 말한다. 이는 그가 페트라르카로부터 네덜란드의 리브시우스(1547~1606)까지의 휴머니스트들을 즐겨 인용한 데서도 알 수 있다. 여하튼 비코는 민족과 학자의 자만심에 따라 창조된 기존의 역사를 상당 부분 부정하면서도 사실은 매우 많은 학자들의 의견을 참고하면서 연구를 진행했음을 알 수 있다.

보편적 역사발전의 원리인 공통감각

앞에서 보았듯이 비코가 말하는 태고인들이 가지고 있던 시인적 성격을 이해하는데 '상당한 노력'을 기울이게 됐던 것은 여러 민족에 공통된 인간성의 원칙에 따라 원시인의 정신도 '공통감각'에 의해 이해될 수 있다고 생각한 탓이다. 그에게 '공통감각'은 공통의 역사적 발전의 객관적인 원리이자, 동시에 역사적 사실을 이해하기 위한 주관적 기반이다. 이는 상식으로 번역될 수도 있는 말이나, 우리가 보통 말하는 상식보다는 그 의미가 넓고 깊다.

즉 비코는 "공통감각이란 어느 한 집단 전체가 주민 모두, 민족 모두, 인류 모두의 공통으로 느끼는 판단이지, 반성의 결과로 생기는 것이 아니"라는 공리를 제시하고,[74] 이에 따라 "서로 교섭하지 못한 상태의 주민 사이에 생긴 공통감각은 진리에의 공통요인을 함축하고 있음에 틀림없다"는 결론을 내린다.[75] 따라서 비코는 "이 사회는 분명 인간이 만든 것이므로 그 원리는 우리 인간 정신 자체의 변화 양태 안에서 찾을 수 있으며, 또 그렇게 되어야만 하

는 것이다"라고 말한다.[76]

그리하여 비코는 공통감각의 작용에 의해 태고 인류의 정신상
태를 그 내면에서 관찰하고자 한다. 여기서 그는 "어린이들이 손
에 든 물건을 보고 마치 살아있는 사람에게 말을 걸듯이 노는 모
습"과 같이 태고 인류가 "자신들을 경탄시킨 사물에 자신들이 멋
대로 생각하며 실체를 부여"한다고 본다.[77]

그래서 비코는 그들이 하늘에서 끔찍한 천둥과 번개가 치는 것
을 목격하고서 "하늘이 생명을 가진 거대한 물체라고 생각하여
그 모습을 상상하게 됐고, 마침내 제우스 즉 '대' 씨족의 주신이라
고 명명한 것"이라고 보았다.[78] 비코는 인간이 이러한 방법으로
거대한 신화를 만들어내고 공포의 종교를 통해 제우스에게 두려
움과 존경, 그리고 복종심을 보이게 된 것이라고 본다.[79]

초기인류는 추상적인 사고로 일반적인 범주를 만들어낼 수 없었기 때
문에 상상력을 발휘해 형상화시키는 방법을 사용했다. 예를 들면 신
점에 관한 모든 것을 제우스에 포괄시켰고, 또 결혼에 관한 모든 것을
헤라에 포괄시킨 것이다. 이처럼 일반적인 범주에 속하는 여러 특수
한 것들을 이처럼 시적 보편개념으로 환원시켰던 것이다.[80]

나아가 비코는 제우스나 헤라가 그리스에서만이 아니라 모든
민족에게서 나타나는 보편적 현상이라고 본다.[81] 이러한 공통감
각에 근거하여 형성된 전통, 법, 제도는 철학적 진리가 아니라, 관

습과 자유의지에 의해 창조된 것이고, '확실한' 것이므로 비코의
언어문헌학에 의한 해석학의 대상이 된다. 이처럼 비코는 공통감
각이라는 개념에 근거하여 태고의 인간사회와 그것의 형성원리
를 파악하기 위한 인식론적 기초를 확립했다.

그는 공통감각의 증거를 자연법에서도 구했다. 즉 "여러 민족
의 자연법은 다양한 차이를 보이면서도 본질적으로는 일치한다.
이 통일된 공통성을 이해함으로써 각 민족은 그 자연법의 확실성
을 확인하는 것이다."[82]

진리는 만들어진 것

위에서 본 명제(117쪽 참조) 즉, "모든 것을 행하는 것은 결국 정
신인 것이다. 왜냐하면 인간은 지성에 의해 그런 것을 행하기 때
문이다"라고 하는 명제는 비코 학문의 가장 기본적인 원칙이다.
그래서 그는 《새로운 학문》 1권 3부 '원리'에서 역사를 보는 자신
의 관점을 다음과 같이 제시한다.

아득한 태고의 원시시대를 덮고 있는 짙은 어둠 속에는 사라지지 않
는 영원의 빛이 반짝이고 있다. 그것은 어느 누구도 의심할 수 없는
진리의 빛이다. 이 사회[83]는 분명 인간이 만든 것이므로 그 원리는 인
간 자체의 변화 양태 안에서 찾을 수 있으며, 또 그 안에서 찾아야만
한다.[84]

이처럼 우리가 사는 사회는 인간이 만든 것이므로 그 사회의 '진리는 만들어진 것(verum esse ipsum factum)'이라고 하는 비코의 기본 입장은 데카르트에 대항하고자 수립됐음은 널리 알려진 사실이다. 데카르트는 과거에 대한 연구는 수학과 자연과학과 같은 정확하고 확실한 지식에 근거하지 않은 것이므로 시간 낭비라고 주장했다. 이에 대해 비코는 사회가 인간에 의해 창조됐으므로 자연계를 지배하는 원리보다 인간사회의 원리가 현실적으로 더욱 확실한 것이라고 주장한다.

데카르트는 《방법서설》의 1부와 《제1철학에 관한 성찰》 머리 부분에서 방법적 회의에 의해 절대성과 과학적 진리를 찾기 위해 불확실한 것은 모두 의심해야 한다고 주장했다. 가령 상식, 법, 의학, 수사학, 언어, 고대사상가나 도덕가의 이야기, 계시신학, 철학적 견해 등은 확실한 지식에 근거하지 못하고 전통적 권위에 근거하기 때문에 절대적 확실성을 갖는 과학적 진리일 수 없다는 것이었다. 그 결과 데카르트가 발견한 유일하게 확실한 것은 "나는 생각한다. 고로 나는 존재한다"는 유명한 명제이다. 그러한 내부의 '생각'에서 물리적 외부는 자연의 진정한 언어인 수학적 관념에 의해 재구성된다고 데카르트는 믿고, 이에 따라 철학과 모든 과학을 개혁하고자 했다.

비코는 데카르트의 이러한 주장에 대해, 그것은 수학과 자연과학 이외에는 적용될 수 없다고 비판했다. 특히 데카르트가 경멸한 역사는 초시간적인 분석이 아니라 발생론적, 계보학적 연구를 통해서만이 가능하다고 보았다. 즉 우리 자신이나 타자의 경험, 우리가 단순한 관찰자가 아닌 참여자, 특히 저자로서 갖는 역할을 통해 인식할 수 있는 점은, 외부에서만 관찰할 수 있는 자연에서 인식하는 것보다 훨씬 더 많다고 생각했다.

나아가 비코는 외부세계는 인간이 이해할 수 없고, 인간 자신의 사고, 감정, 의지 등만을 이해할 수 있다고 주장했다. 따라서 데카르트가 제외한 역사나 실천적인 지혜, 수사, 시학 등은 도리어 인간에 의해 가장 잘 인식될 수 있는 영역이라고 주장했다.

'진리는 만들어진 것' 이라는 비코의 명제는 이미 《이탈리아인 태고의 지혜》에서 제기된 것이었다. 이는 참으로 이해할 수 있는 것은 인간 자신이 만든 것뿐이라는 뜻이다. 따라서 자연은 신에 의해 창조된 것이므로 신만이 그것을 알 수 있고, 한편 인간의 역사는 인간이 만든 것이므로 인간만이 알 수 있다는 것이다.

비코는 자신의 학문사 초기에 역사학을 그다지 중시하지 않았으나, 《보통법》을 쓰면서 그 중요성을 더욱 강하게 인식했고, 《새로운 학문》에서는 위의 명제를 더욱 확고하게 다졌다. 가령 다음과 같은 설명이 《새로운 학문》에서는 자주 나온다.

만든 자 자신이 스스로 말하는 것만큼 정확한 역사는 있을 수 없다. 이런 까닭으로 이 '학문' 은 바로 기하학과 같은 전개방법을 취한다. 기하학이 기본 원칙들 위에 기하학을 구축, 고찰하면서 측정 가능한 양(量)의 세계로 발전해 가는 것처럼 이 '학문' 도 마찬가지이다. 하지만 인간세상의 질서가 점, 선, 면, 숫자들의 세계보다 훨씬 현실적인 것처럼 이 '학문' 이 기하학보다 더욱 현실적이다. 이것은 내가 제시하는 증명이 신적 성격을 띠는 것이며, 신의 즐거움과 같은 기쁨을 독자들에게 주리라는 것을 보여주는 것이다. 신에게는 인식과 창조가 같은 것이기 때문이다.[85]

비코는 신만이 자연의 창조주로서 그것을 장악하고 있는데, 철학자들이 그것을 탐구할 수 있다고 자만하는 한편, 인간이 스스로 창조한 민족의 세계에 대한 탐구를 게을리 하는 것을 비판했다. 그리고 우리의 감각만을 근거로 삼아 관찰하는 과학적 지식과는 달리, 인간사회의 역사적 사실은 우리 자신이 창조한 것이므로 그 원인을 찾아 내면으로부터 인식할 수 있다고 비코는 주장했다. 따라서 비코에게는 신이 창조한 자연세계가 아니라 인간이 창조한 역사와 사회가 당연히 우위를 차지한다.

여기서 우리가 주목해야 하는 점은 비코가 데카르트의 인식론만이 아니라 그것이 결과하는 배타적 개인주의를 비판했다는 점이다. 데카르트 자신은 정치에 무관심했으나, 그의 회의주의는 그가 말하는 진리의 구현체로서의 합리적 또는 자연적 사회의 구축 가능성을 암시한 점에서 하나의 해방의 논리라는 성격을 띠었다.

그러나 비코는 이러한 회의주의가 앞서 말한 인간의 공통감각에 대한 회의를 결과하여 각자 자신의 판단이나 욕구 또는 이익에 따라 행동하게 만들며, 그 결과 사회를 고독의 상태로 타락시키게 된다고 비판했다. 이것이 바로 이 책의 머리말 처음에서 인용한 비코의 당대 사회에 대한 처절한 비판의 근거였다.

그 이유를 비코는 오직 추상적 진리만을 추구하는 자들은 지적으로는 뛰어나도 '합리적 미치광이'에 불과하기 때문으로 보았다. 그리고 그들은 자신들의 계획이 좌절되고 남의 계획에 의해 기만당하여 사회생활을 포기하며, 자기 철학의 독선에 빠져 사회와 철저히 유리된 자폐 생활을 영위한다고 설명했다. 그리고 그러한 고독의 상태에 빠진 사회는 마침내 독재적 폭정을 초래한다고 비코는 경고했다.[86]

계통발생과 개체발생

자연에 대한 지식과 인간의 창조(예술작품, 법, 정치기구)에 대한 지식을 구분하는 태도는 비코의 독자적인 사상이 아니라, 고대로부터 17세기까지 주장된 전통적인 것이었다. 그런데 비코는 이를 자기 사상의 원리로 삼는 것에 그치지 않고, 개인의 발달과 사회의 발달의 유사성을 강조하며 역사를 설명한다는 점에서 특징적이다. 말하자면 개체발생과 계통발생의 유사성을 강조한다는 점이다. 그러한 설명의 몇 가지 보기를 들어보자.

인류가 갓 태어난 영아기라고 할 수 있는 원시시대의 사람들은 하늘을 산 높이 정도라고 믿었다(어린이가 하늘이 지붕 바로 위에 있다고 믿는 것처럼).[87]

시의 보다 숭고한 임무는 감각이 없는 사물에 감성과 감수성을 부여하는 것이다. 그것은 마치 생명이 없는 사물을 살아있는 것처럼 가지고 노는 유아의 특질과 같은 것이다. 이 언어문헌학적이며 철학적인 공리는 세계의 유년기에 살던 인간들이 타고난 숭고한 시인이었음을 증명하는 것이다.[88]

유아의 기억력은 극히 왕성하다. 따라서 지나치게 생생한 상상력을 발휘한다. 상상이란 기억하고 있는 것을 확대하고 합성하는 것에 지나지 않기 때문이다. 이 공리가 세계의 유년기에 형성된 시적 형상들이 갖는 생생함의 원리가 되는 것이다.[89]

언어는 단음에서 시작된 것이 틀림없다. 아이들이 지금은 분절화된 단어가 무척 많은 환경에서 태어나고 분절화된 말을 하는 데에 필요한 유연한 발성기관을 가지고 있으면서도 지금도 여전히 단음부터 소리내기 시작하는 것을 보면 그것을 알 수 있다.[90]

언어의 창시자들은 마지막으로 동사를 만들어냈다. 이는 어린 아기들이 명사와 불변화사는 말해도 동사는 사용하지 못하는 것과 비슷한 일이다. 명사는 정신에 명료한 인상을 남기는 개념과 형상을 일깨워준다. 그 개념의 변형을 표현하는 불변화사도 마찬가지이다. 이에 반해 동사가 표현하는 것은 전부 운동이며, 운동에는 분할 가능한 현재를 기준으로 전후가 딸려 있으므로 철학자들조차 이해가 쉽지 않기 때문이다. 다음과 같은 의학적 관찰도 이를 강하게 뒷받침하고 있다. 우리 동료 가운데 아주 착실한 친구가 있었는데 심한 뇌졸중에 걸렸다. 그가 명사는 기억해 냈으나, 동사는 완전히 잊어버리고 말았다.[91]

비코가 말하는 학문

이러한 어쩌면 유치하다고도 볼 수 있는 개체발생과 계통발생의 유사성 강조는 비코가 역사를 매우 시적인 상상력에 의해 구상했음을 보여주는 측면이기도 하다. 따라서 이런 식으로 '진실은 창조된 것'이라고 하는 비코의 견해는 '내면으로부터의 이해'를 주장한다고 하는 점에서 그를 실증주의적 사회과학의 적대자로 보게 한다. 그러나 비코는 앞에서 본 딜타이가 말하는 감정이입을 근거로 삼아 과거의 복원을 제안하는 것이 아니다. 즉 그는 인류 사회의 원리를 그것을 연구하는 학자의 정신 속에서 찾아야 한다고 보는 것이 아니다.

도리어 그것은 단지 어린아이들이나 뇌졸중으로 쓰러진 병자나 아메리카 인디언을 포함한 다양한 인간들의 정신 속에서 찾아내야 한다고 주장한 것에 불과하다. 그리고 그가 말하는 변화나 양상은 공공의 관찰이나 비교 또는 일반화가 가능한 대상이라고도 할 수 있다.

따라서 그는 사회과학의 적대자이기는커녕 그 최고의 지지자였다. 그는 사회과학을 '시민사회의 학문(la scienza del mondo civile)'이라고 불렀다. 여기서 나는 영어의 사이언스(science)에 해당되는 이탈리아어 시엔차(scienza)를 과학이 아니라 학문이라고 번역했다. 과학이라고 하면 보통 자연과학을 뜻하기 때문이다. 이탈리아에서도 시엔차는 보통 그런 뜻으로 사용된다. 그러나 비코는 그런 뜻이 아니라 넓은 의미의 학문이라는 뜻으로 시엔차를 사용했다.

그런데 비코의 시엔차, 즉 학문이란 원리와 밀접하게 연관되는 점을 주의해야 한다. 《새로운 학문》의 중요한 7가지 특성을 말하는 서론에서 그는 그 특성의 하나가 '세계사의 원리' 를 서술하는 것임을 밝힌다. 그 특성의 또 하나는 '보통법의 체계' 이다.

비코는 "이 학문은 바로 기하학과 같은 전개방법을 취한다"고도 말한다.[92] 비코의 《보통법》과 《새로운 학문》은 발간 당시 그 기하학적 방법으로 인해 일부 사람들에게서 찬사를 받았다. 이는 당시 유행한 데카르트나 스피노자를 연상하게 한다. 《새로운 학문》은 140개의 공리로 시작된다. 따라서 이러한 기하학적인 성격을 무시하고 그 공리를 단순한 아포리즘(경구)의 집합으로 곡해해서는 안 된다.

《새로운 학문》을 쓸 때 비코는 베이컨을 염두에 두었다. 베이컨은 《새로운 방법》[93]에서 연역법을 버리고 귀납법을 강조한 탓에 공리를 사용하지 않고 182개의 아포리즘을 열거했다. 그러나 비코는 자신이 사용하는 공리가 필연적 결론을 낳는 명제라고 하는 의미에서, "연역적으로 공리를 세운다"고 말한다. 따라서 그는 몇 번이나 "우리는 증명할 수 있으리라"고 말한다.

비코의 공리는 역사적 방법의 규정 이상의 것이었다. 즉 그에게는 역사 자체가 역사학과 같이 규칙에 따라 진행하는 것이었다. 발견되기를 기다리는 '세계사의 원리'가 존재한다는 것이다. 인간의 과거에는 패턴이 있고, 그것은 우연이 아니라 필연이다. 따라서 원시시대를 설명하는 경우 '그러해야 했다'는 식으로 서술했다.

비코가 말하는 역사 3단계는 필연적인 것으로서 그 순서는 비코가 '영원한 이념사(storia ideale eterna)'라고 부르는 것의 일부를 구성한다. 이는 7가지 특성의 하나로서 막스 베버(1846~1920)가 '이념형(ideal type)'이라고 부른 말이나, 경제학자나 사회학자가 모델이라고 하는 것과도 유사하다. 여기서 유사하다고 한 것은 비코가 말한 것은 이념형이나 모델과 달리 언제나 동태적이거나 발전적인 의미를 갖는 것이기 때문이다. 즉 비코가 어떤 종류의 중요한 역사적 동향은 반복되므로 정치조직, 법, 정신, 문학 등에서 광범하게 유사한 일련의 형태가 일어나는 것을 주장했기 때문이다.

그는 생겨나는 모든 것이 결정적이라고 주장하지 않는다. 도리어 자유의지의 이름으로 그런 숙명론에 격렬하게 반대한다. 그는 3단계에서도 불가피성을 주장하지 않는다. 왜냐하면 "로마에게 세계의 패권을 빼앗기지나 않을까 하고 전전긍긍하던 세 도시 카르타고나 카푸아나 누만티아는" 여러 장애로 인해 "이러한 문명의 과정을 거치지 않았다"[94]고 말하기 때문이다. 도리어 불가피하

지 않았기 때문에 세계의 상이한 지역에서 3단계가 발생한다고
말한다.

04

역사발전 3단계론

영원한 이념사

비코가 《새로운 학문》에서 제시한 7계의 원리적 관점 중 1계는 '신의 섭리에 대한 이성적 · 정치적 신학'이고 2계는 '권위의 철학'이었다. 이제 3계인 '영원한 이념의 역사'를 검토해보자. 그가 탐구하는 역사는 실제 역사와는 구분되는 보편적 역사이다.

이번에도 비코는 실제 역사의 여러 현상을 언어문헌학적으로 수집하고 이를 철학적으로 재정립하는 그의 방법론을 사용한다. 그러나 그가 발견한 기본 요소들은 반드시 일치하지 않는다. 가령 그는 인간문명의 순서가 숲, 오두막, 마을, 도시, 학원의[1] 5단계로 진행된다고 말한다. 그런데 이 5단계론은 비코가 기본적으로 설정하는 역사발전 3단계와는 맞지 않는다.

이는 인간의 심리 변화에도 대응되는 것처럼 비코는 말한다. 가령 "사람은 모르는 사이에 먼저 느끼고, 이어서 혼란하고 동요된 마음으로 인지하고, 마지막으로 순수한 정신으로 반성한다"[2]

고 3단계로 말하거나, "인간은 먼저 필요를 느낀 다음 유익한 것에 주목하고 이어서 쾌적을 알며, 더욱 나아가서 쾌락과 사치에 빠져 마침내 본성을 버리고 말 정도로 바른 기운을 잃게 된다"고 4단계로 말하거나,[3] "인간의 성질은 처음엔 거칠고 다음엔 엄격해지고, 그 후엔 상냥해지고, 이어서 까다로워지며, 마지막에는 방종해진다"[4]고 5단계로 말한다. 여기서 말하는 5단계와 4단계는 비코가 기본적으로 설정하는 3단계와 맞지 않는다.

이러한 인간의 심리 변화와 문명사를 대응시키는 것은 앞에서 말한 개체발생과 계통발생을 일치시키려는 비코의 '시적' 감성에서 나온 것이라고 볼 수 있으나, 그것의 객관성에 대해서는 의문이 제기될 수 있다. 위 분석 중에서 어느 정도 수긍이 가는 것은 원시인에 대해 "사람은 모르는 사이에 먼저 느끼고, 이어서 혼란하고 동요된 마음으로 인지"한다고 본 부분일 것이다.

중요한 점은 비코가 이러한 자연성이 정신으로, 신화가 학문으로, 혈연관계가 국가로, 원천적 예술이 미학적 반성으로, 비유적이고 상징적인 언어가 추상적이고 개념적인 언어로, 상형문자가 알파벳으로 변화한다고 지적한 점이다.

비코는 역사의 3단계를 주장했지만 인류가 서서히 인간답게 되어 가는 하나의 과정인 3단계가, 순차적으로만 진행되는 것은 아니고, 그 중의 어떤 단계가 회귀하기도 한다고 보았다. 그 3단계 발전과정은 4권에서, 회귀는 5권에서 다루었다.

비코의 역사관은 원시시대로부터 지금까지를 일관된 문명화의 과정으로 보는 현대역사학의 일반적 관점과는 다르다. 역사를 일관된 발전의 과정으로 보는 발전사관, 특히 고대·중세·근대의 구분법은 근대에 와서 생긴 것이다. 우리가 아는 세계사는 물론 한국사도 현재는 대체로 이러한 구분법을 따르고 있다.

그러나 비코가 보는 역사는 역사의 일정 단계만을 그렇게 보는 것에 불과함을 주의해야 한다. 그렇다고 하여 비코의 역사관이 불교에서 말하는 윤회설 같은 순환적 또는 반복적 역사관과 같은 것은 아니다. 또 토인비가 하나의 문명은 생성, 발전, 사멸의 과정을 겪고 역사는 그런 문명사의 반복이라고 말한 것과도 다르다.

원시시대를 암흑의 시대이며 이성이 결여된 시대로 본 비코는 당연히 계몽주의자라고 할 수 있으나, 원시인을 이상화하지 않은 점에서 후대의 낭만주의자와는 다르다. 대신 그는 미개인을 경멸하는 주장과 퇴폐적인 로마인보다 미개인을 좋다고 보는 주장을 조화시키고자 한다.

그러나 그는 어떤 관습과 다른 것의 우열을 판단하는 것이 불가능하다고 보는 고대 그리스 회의파처럼 상대주의에 빠지는 것은 아니다. 그는 좋은 관습(예배, 결혼, 매장)은 보편적이라고 하나, 3단계 모두 장단점을 가지며 서로 불가분적이므로 어떤 시대와 다른 시대 사이에 우열을 논할 수 없다고 본다.

또한 어떤 종류의 가치 척도에 따라 좋고 나쁨을 판단하고, 어떤 특수한 문명의 정점에 대해서도 언급한다. 그리고 앞에서 지적했듯이 역사적 회귀의 한 보기인 자신의 시대를 "원초의 인간이 감각의 야만에 의해 그렇게 된 이상으로 깊은 성찰의 야만에 의해 더욱 비인간적으로 된 짐승"[5]의 시대라고 평가했다. 즉 비코는 자신의 시대를 1단계의 원시시대로 본 것이다. 이러한 견해만큼 통렬한 현실 비판이 또 어디에 있겠는가?

공통감각을 통해 발현되는 신의 섭리

마키아벨리와 달리 비코는 신의 섭리를 강조했다. 마키아벨리는 그가 주장한 '새로운 국가'가 영속된다고 주장하지 않고 역사는 순환된다고 본 점에서는 비코와 같았으나, 섭리를 주장하지는 않았다. 한편 비코의 순환관에는 예수의 재림과 같은 급진적인 변혁도, 천년왕국의 도래와 같은 유토피아를 향한 단선적 역사진행도 없었고, 또한 영원한 발전이나 몰락도 없었다.

비코는 스토아학파나 스피노자가 주장하듯이 운명이나 필연을 인정하지도 않았다. 반대로 비코는 인간의 자유의지가 본질적으로 극히 동요되기 쉬운 것이라고 보았다. 그런데 이렇게 변덕스러운 자유의지가 분명한 것으로 확정될 수 있는 이유는 "인류에게 필요하고도 유익한 것(이것이 인류 자연법의 두 원천이 되는 것이지만)이 무엇인가에 대해 사람들이 공통감각을 가지고 있기 때문"이라고 보았다.[6] 즉 필연 대신에 상식을 비코는 중시했다. 필연론에 대립하는 것이 에피쿠로스적인 우연론이다. 홉스나 마키아벨리도 강조하는 우연론에 대해 비코는 '모든 것을 행하는 것은 결국 정신'이라는 전제 하에 부정한다.[7]

　그런데 비코는 공통감각이 존재한다는 것은 신의 섭리가 실재함을 증명하는 것이라고 주장한다.[8] 비코에게 섭리는 직접적인 것과 간접적인 것으로 나누어진다. 즉 비코에 의하면 이교 민족은 단지 섭리의 도움을 받을 뿐이지만, 히브리족은 진실의 신에게서 특별한 도움을 받는다.[9] 신의 직접적인 개입은 '성사(聖史)', 즉 구약에만 적용된다고 하나, 《새로운 학문》은 이교도를 다루는 것이므로 그의 태도는 불명하다. 먼저 비코는 히브리인의 성사와 이교 민족의 세속사를 구별한다. 그리고 성사는 세속사보다 오래된 것이고[10] 창세기부터 정확하게 설명하는 구약은 믿을 수 있다고 한다.[11]

　그래서 "히브리의 종교는 진실의 신에 의거하여 여러 이교민족이 행하던 신점을 금지했다."[12] 히브리인에게는 다신교의 시대가 없었다. 따라서 원초 시대는 이교도인 거인과 히브리인인 정상적인 인간으로 나누어진다.[13] 즉 비코가 말하는 3단계는 이교도에게만 해당되고 히브리인에게는 제외된다.

　이러한 비코의 견해는 중세적이다. 반면 르네상스 시대에는 이집트가 지구에서 가장 오래된 문명이고 그리스인과 히브리인은 그들로부터 신과 관습을 받았다는 견해가 나왔다. 특히 이집트의 헤르메스 트리스메기스투스(고대 이집트의 마법과 연금술에 관한 책을 써서 비밀의 장소에 보관해두었다고 전해지는 전설의 인물. 헤르메스 트리스메기스투스는 그리스의 신 헤르메스와 이집트의 신 토트의 합성어이다)는 기독교의 본질적 진실을 보인다는 주장도 제기됐다. 17세기에는 이집트가 중국으로 바뀌었다. 그리고 아담은 히브리인의 선조에 불과하고 성서는 다양한 세계민족사 중 하나의 지역민족사에 불과하다는 주장도 나왔다. 이러한 주장을 믿었다는 이유에서 1691년 비코의 친구들이 고소되기도 했음은 앞에서 보았다.

물론 이에 대한 반박이 더욱 많았다. 가령 뉴턴이 그러했다. 그런 이유로 비코는 《새로운 학문》을 그에게 보냈음을 우리는 앞서 보았다. 또한 앞서 보았듯이 비코는 전파설을 부정하므로 이집트와 히브리 사이의 영향을 부정하나, 성사가 가장 오래됐다는 것은 믿었고 그것과 세속사를 구분했다. 가령 바벨탑 이야기를 믿으면서 이민족의 언어에 대해서는 다르게 설명했다.

이는 아담이 인류의 일부의 선조라는 견해에 가까우나, 비코는 그런 신학 논쟁에는 가담하지는 않았다. 그러나 그가 작성한 히브리 연표는 노아의 홍수에서 시작하며, 모세 십계와 로마법, 성서와 호메로스를 비교함은 성서와 고전을 동일 수준에 둔 것이었다. 따라서 우리는 비코가 스피노자처럼 성서를 신화로 보았다고 추측할 수 있다. 또한 히브리인은 3단계 역사를 따르지 않는다고 하는 그의 설명은 중세를 영웅의 시대가 회귀한 것으로 보는 견해와 모순된다. 즉 비코는 3단계가 히브리인을 포함한 모든 인류의 역사라고 보았다고 우리는 결론을 내릴 수 있다. 그러면 비코의 역사 3단계를 차례로 살펴보자.

야만적인 신의 시대

비코가 역사의 3단계 이전에 거인이나 수인(獸人, bestioni), 즉 인간적 사려분별에는 극히 무지몽매하고[14] 육체적으로도 정신적으로도 상궤를 벗어난 힘과 덩치를 가졌던[15] 존재가 있었던 야만시대가 존재했다고 말했다고 보는 피터 버크(1937~, 영국의 역사학자) 같은 학자도 있으나, 이는 비코가 말하는 1단계로 봄이 옳다.

그 시대의 거인족을 설명하면서 비코는 당시 유럽에서 거대한 체구의 인간으로 믿어진 파타고니아인을 보기로 들었다. 그러나 비코는 거구가 된 원인을 "어렸을 때 야만적으로 길렀기 때문"이라고 매도하여[16] 우리를 의아하게 만든다. 인간의 조상을 원시거인으로 본 비코는 다윈의 진화설을 예견한 것이라고 하는 점은 앞에서도 설명했다.

비코가 히브리 역사의 최초를 아담부터라고 하면서도[17] 연표는 노아의 세계대홍수로 시작한다는 점은 앞에서도 보았다. 그는 세계대홍수에 대한 종래의 학설을 부정하고 신화와 전설에서 보는 자연사로부터 증명하고자 한다.[18] 즉 "세계 대홍수의 습기를 빨아들인 대지는 그 후 몇백 년간이나 수증기를 공중으로 뿜어 올리지 않았고, 따라서 대기 가운데는 번개를 치게 할 불씨도 존재하지 않았던 것"이라고 한다.[19] 이런 황당한 주장을 비코는 "충분히 생각에 생각을 거듭한 끝에 나온 것"이라고 하나, 글쎄, 우습다.

그런데 비코는 그 번개가 대홍수 이후 "노아의 세 아들은 야수와 같은 상태에 빠져, 서로 헤어져 지상의 어두운 숲 속을 짐승처럼 헤매다가 야만적으로 길러진 탓에 거인이 되어, 결국 거인족이 생겨난 것"이라고 말한다.[20] 따라서 연표에서 처음 기록하는 대홍수는 제1시대의 시작이 된다. 그렇다면 아담도 거인족이 되는가? 아니면 노아의 자식들이 정상인에서 거인족으로 변했다는 것인가? 비코의 상상력은 흥미로우나, 이것 역시 우습다.

이러한 설정은 독창적인 견해는 아니다. 비코 자신도 헤로도토스에 근거한 것이라고 말했으며,[21] 또한 비코가 즐겨 읽은 루크레티우스나 에우제비오스(263경~339)가 이미 말한 것이었다.

비코가 말하는 1단계인 신의 시대란 사람들이 "신이 만물을 창조하고 신이 만사를 행하는 것으로 믿으며 자신들의 삶과 일이 모두 신에 의해 이루어진다고 믿는" 시대이다. 그러므로 이 시대는 '신성한 법'이 지배하는 시대이다.[22] 따라서 신권정치가 지배한다. 비코는 신의 시대를 설명하면서 아메리카 인디언이 모든 존재를 신으로 부른 점을 보기로 들었다.[23]

비코는 신의 시대의 본성을 "이성의 힘이 극히 약할 때 아주 왕성한 활동을 보이는 상상력의 강력한 기만에 의해 생겨난 시적 · 창조적 본성" 즉 "신성한 본성"이라고 말한다. 그것은 "완전히 야만스럽고 잔혹한 본성"으로서 종교야말로 그 야만성을 억제하기 위한 유일한 수단이고 종교를 주재하는 사람들이 그것을 경외할 때 종교는 번창한다.[24]

비코가 주장하는 신의 시대는 번개로 시작되고, 번개로 거인을 무찌른 제우스나 헤라클레스 같은 신이 그것을 상징한다.[25] 그리

고 당시 "민족은 야만적이고 폐쇄적이어서 서로 모른 채 살고 있었다"고 한다.[26]

거인들은 번개로 상징되는 무시무시한 종교에 의해 산 아래에 묶여있게 됨으로써 지상의 대삼림을 야수처럼 방황한 야수적 습성에 제동이 걸려 그와는 정반대의 습속을 몸에 익히게 되었다. 그들은 땅에 머물러 숨어살게 됐다. 그들은 마침내 민족의 시조가 되고 최초로 만들어진 국가의 지배자가 되었다. (……) 한편 거인들은 각자 여자를 동굴 안으로 끌어들여 항구적 생애의 반려자로 삼았다.[27]

이렇게 혼인이라는 것이 시작됐다. 혼인에는 본질적으로 세 가지 엄숙한 의례가 수반된다. 남녀가 운명을 공유하는 제우스의 신탁과 신에 대한 찬양, 혼인에 따른 수치심의 표현인 여성의 베일 쓰기, 힘으로 신부를 납치해오는 풍습이다.[28]

그리고 이러한 혼인에서 제우스에 이어 제2의 상징인격으로 헤라, 이어 아프로디테(비너스)가 나타났고 강력한 가부장제와 상속제도, 희생물을 바쳐 제사지내는 습속 등이 등장한다고 비코는 설명한다. 마지막으로 비코는 그 시대가 어떻게 "기품 있고 은혜롭고 온유하고 인내심 강하고 도의적인 시대"인가 라고 비웃으며 실상은 야만적이고 오만하며 난폭하기 짝이 없는 시대였다고 말한다.[29]

신화와 시적 상징인격

비코는 신의 시대에 모든 민족은 시적 재능을 가져 신학시를 낳았다고 한다. 또한 민족의 역사는 전부 신화와 전설에서 시작된다고 한다.[30]

민중은 특정 상황에서 특정한 사항들로 인해 잘 알려진 유명인사를 염두에 두고 이러한 조건에 어울리는 신화를 만들어낸다. 이러한 신화는 민중이 이야기하려는 사람들의 장점을 통합한 이념의 진리인 것이다.[31]

이어 비코는 그들에게는 "사물에 대한 지적인 개념을 창출할 능력이 없었기 때문에, 당연히 시적 상징인격을 고안해내는 것이 필요"했다고 본다. 그리고 "시적 상징인격(catteri poetici)이란 상상적 유형(generi fantastici) 또는 상상적 보편자(universali fantastici)라고 할 수 있다. 이것은 특정 모델이나 이상화된 그림처럼 이것과 닮은 모든 특수 종류들을 이것에 속하는 것으로 환원시킨다. 이러한 유사성에 의해 고대 신화가 적절히 만들어졌던 것"이고 그래서 고대 이집트인은 헤르메스 트리스메기스투스를 만들어냈다고 한다.[32]

이를 비코는 다음과 같은 유아 심리로 해명한다. "갓 알게 된 남녀나 사물의 관념, 이름을 근거로 그것과 유사하거나 관련이 있는 남녀와 사물을 연달아 이해하여, 이름 붙여나가는 것이 유아의 본성이다."[33] 그리고 다시 유아는 기억력이 극히 왕성하기 때문에 생생한 상상력을 발휘한다고 말한다.[34]

이어 시와 예술은 모방이라고 설명하면서도 비코는 "유아는 모방에 뛰어난 재주를 가지고 있다. 유아들은 어디서든 이해되는 것은 무엇이든지 흉내내길 좋아하는 것을 우리는 알고 있다"고 한다.[35] 또한 "사람은 모르는 사이에 먼저 느끼고, 이어서 혼란하고 동요된 마음으로 인지하고, 마지막으로 순수한 정신으로 반성한다"고 하면서 시적 판단의 원리를 설명한다.[36]

또한 "인간은 미심쩍거나 애매하게 느껴지는 사상에 대해서는 스스로 자신의 본성을 쫓아 해석하게 된다. 감정과 습관은 거기서 태어나는 것"이라고 하면서 신화학의 중요한 법칙을 찾는다.[37] 이어서 비코는 신의 시대의 언어인 상형어에 대해 설명하나, 이는 뒤에서 검토한다.

신화를 해석할 때 비코는 구상적 사고를 강조했다. 그리스 신화는 고대에도 다양하게 해석됐다. 기원전 6세기 사람들은 신화를 자연의 작용에 대한 우의로 해석했다. 가령 아폴로는 불, 포세이돈은 물을 상징한다고 보는 식이다. 기원전 4세기 마케도니아에서 활동한 그리스의 신화학자인 에우헤메로스는 신화를 역사의 표현으로 해석했다. 반면 스토아나 중세 철학자들은 신화에 포함된 도덕적 교훈을 강조하거나 기독교적 의미를 부여하는 새로운 우의적 해석을 했다.

르네상스 시대에는 콘티(1520년경~1582)가 자연학, 역사, 윤리라는 세 가지 관점에서 그 모든 해석을 융합했다. 베이컨은《고대의 지혜》에서 그리스 신화에 대해 새로운 정치적, 자연적 해석을 가했다. 17세기 학자들은 지중해 여러 민족의 신화의 유사성에 주목하여 그 대부분이 유대 원전인 구약의 변종이라고 보았다.

비코도 그런 비교론적 견해에 따랐으나, 신화를 역사의 거울로 보거나 우의로 보지는 않았다. 신들이나 영웅이 과거에 실재했다는 견해와 함께 그것들이 문학적 창작이라거나 윤리, 자연학, 정치학과 같은 교훈적 주제라는 견해도 거부했다. 신화가 비의적, 철학적 언어였다는 주장은 마치 자연상태에 대한 자연법론자의 주장과 같이 시대착오라고 비코는 보았다.

모든 경우에 그렇듯이 비코는 여기서도 여러 가지 다양한 견해에서 일부를 취하면서도 자신의 독자적인 주장을 폈다. 그는 신화의 주인공을 '시적 상징인격'으로 보았다. 즉 구상적인 형태로 추상적 개념을 나타낸다는 것이다. 그것은 베이컨이 주장하는 것처럼 철학적 창조물도 아니지만 정치적 사건을 표현한 것도 아니다. 그것은 민간전승, 즉 참된 관습의 역사적 산물이라고 비코는 본다. 단순한 우의적 표현이 아니라, 원초의 인간의 '시적 윤리'의 전형이라는 것이다. 즉 원시적이고 구상적이며 신인(神人) 동형적인 사고법에 불과하다고 비코는 본다. 따라서 그리스 로마의 신들은 어디서나 자연발생적으로 나타난다고 해석됐다. 즉 어떤 민족에게 원형이 있고 그로부터 다른 민족에게 전파되는 것도 아니라는 것이다.

조이스의 상상력을 자극한 제우스에 대한 비코의 설명은 흥미롭다. "하늘에서 끔찍한 천둥·번개를 만났을 때" 원초의 인류는 "경악하여 영문을 모른 채 눈을 들어 하늘을 응시했다. 그들은 모두 강한 체력을 가졌으면서도 그러한 상태에서 비명을 지르기도 하고, 중얼거리기도 하면서 자신의 격렬한 감정을 토로하려고 했다. 이런 경우 인간 정신은 그 현상을 자신이 갖고 있는 본성에 의거해 설명하려는 습성을 가지고 있다. 그래서 그들은 하늘이 생명을 가진 거대한 물체라고 생각하고 그 모습을 상상하며 제우스 즉 거대씨족의 최고의 신이라고 명명한 것이다. 그리고 이어서 그 하늘이 천둥·번개로 자신들에게 무엇을 말하려고 했는지에 대해 생각하게 됐다."[38]

천둥과 번개로 자신을 표현하는 하늘은 거대한 거인으로서 이교의 기원이 됐다. "인류의 어린아이라고 해야 할 이교도 여러 민족의 태고 사람들은 이렇게 하여 자신들의 관념으로 사상(事象)을 창조했다."[39] 그리고 인간은 무지로 인해 스스로를 사물 자체로 생각하고, 자기를 변형시켜 사물이 된다.[40]

즉 아직 추상화가 충분히 발달되지 못해 보편 개념이 없었고, 따라서 눈에 띄는 하나의 보기에 의해 그 부류 전체를 지시했다. 가령 제우스는 하늘의 이름인 동시에 신들의 아버지이자 우주의 통치자를 뜻했고, 또한 천둥과 공포와 의무의 근원을 가리키는 것이기도 했다. 즉 제우스란 사람들이 위기에 처할 때 의지할 수

밖에 없는 모든 강제력의 체현자인 동시에 그 수행자를 의미했다.

제우스와 마찬가지로 헤라클레스도 '가족의 요구를 만족시키기 위한 큰 과제의 수행' 이라고 하는 추상개념의 구상화로 묘사된다. 즉 인류에게 대단히 유익한 일을 한 영웅적 개인의 이름이자, 다양한 신화에 등장하는 모든 영웅을 뜻하기도 했다. 마찬가지로 포세이돈은 삼지창을 든 신이자 세상의 모든 바다를 뜻했다.[41]

뿐만 아니라 솔론, 헤르메스 트리스메기스투스, 전설에 나오는 로마의 건국자 로물루스, 시인 호메로스와 같은 인간은 모두 비코에 의해 시적 상징인격으로 해석된다. 그 중 호메로스에 대해서는 《새로운 학문》 3권 '참 호메로스의 발견' 에서 설명된다. 호메로스는 고대 그리스 시대부터 작품에 등장하는 신들이 위엄을 결여한 행동을 했다는 이유로 비판을 받아왔고, 그 점이 신화를 우의적으로 해석하게 만들었다. 가령 오디세우스의 편력은 인간의 평생에 걸친 영혼의 편력으로 해석됐다. 그러나 비코는 그것을 원시적 사고의 산물인 시적 지혜로 보았다.

비코는 시적 지혜를 나무에 비교하여, 그 줄기를 시적 형이상학, 그 하나의 가지를 논리학, 윤리학, 경제학, 정치학 등, 또 하나의 가지를 우주학과 천문학으로 보았다.(천문학에서 다시 연대학과 지리학이 생긴다고 보았다) 즉 자연과학과 인문과학이다.[42]

힘과 폭력이 지배한 영웅의 시대

이어 제2단계 '영웅의 시대'는 '신의 시대'에 사람들이 정착 생활을 시작한 이후 대지의 일부를 소유하게 된 원주민이 귀족으로 등장하고 씨족사회를 이루어 '민족들의 자연법'을 수립하는 시대이다. 그 후 이 씨족사회에 새로 받아들여진 유랑민들이 노예로써 귀족의 소유에 속하게 되나 곧 귀족과 노예 사이에는 투쟁이 생겨난다.

이 시대는 아직 국가가 성립되지 않아 힘과 폭력이 정의로 통하는 시대로서 강자의 권리가 사회적 정당성을 확보한다. 가령 호메로스의 영웅은 행동이 미숙하면서도 쉽게 분노하고 흉악하다고 비코는 말한다. 또한 로마 시대는 귀족이 인민을 잔혹하게 취급한 시대라고 말한다. 따라서 영웅적이라는 말은 찬양하는 뜻이 아니고 도리어 야만적이라는 뜻이다. '영웅의 시대'의 본성은 "영웅들 자신에 의해 신성한 기원을 가지고 있는 것으로 믿는 영웅적 본성"이다.[43] 그런데 비코는 이러한 귀족의 반동성에 분개함과 동시에 영웅들이 그 사회를 유지하기 위해 강조하는 개인적 덕목에 나타나는 숭고성을 과거에 대한 그리움이라고 표현한다.

법이 특수한 사회의 힘과 부와 지혜를 창출하는 것은 신의 섭리가 간여했기 때문이다.[44] 그러나 비코가 말하는 신의 섭리란 인간에게 강요되는 것이 아니라, 인간을 통하여 작용하는 것이다. 신의 섭리는 각각의 현상이나 개인을 통해서가 아니라 장기간에 걸친 사회과정을 통해 작용한다.

비코는 이러한 변화를 로마 역사에 나타나는 귀족과 평민 사이의 투쟁을 통해 설명한다. 평민은 언제나 정체를 변화시키고자 하고, 사실 역사적으로 그러한 변화를 일으킨 것은 언제나 평민이었으며 귀족은 언제나 현상을 유지하고자 했다.[45] 귀족공화국은 평민이 호전성을 갖게 되는 것과 전쟁을 일으키는 것을 매우 싫어했다.[46] 귀족공화국에서는 귀족계급이 부를 거머쥐고 귀족계급의 힘을 강화시켰다.[47]

귀족이 영웅의 시대에 지배자가 된 이유에 대해서는 세계 최초의 공화정이 지극히 엄격한 귀족정체로서 출현했기 때문이라고 본다.[48] 그들은 그들끼리만 아는 비밀 언어로 기록된 법을 지키며 권력을 유지한다. 평민은 그들에게서 토지를 빌려 경작한다. 귀족은 교만하고 탐욕스러우며 잔인해서 평민에게 사적인 세를 부과하고 사설 감옥에 투옥시키기도 한다. 여기서 비코는 로마사에 대한 새로운 견해를 주장한다.

지금까지 자유민주 시대였다고 잘못 알려진 고대 로마시대에 평민은 오랫동안 자비로 비용을 부담하며 전쟁에 참가하는 괴로움을 겪어야 했고, 가혹한 조세의 바다에 빠져 허덕여야 했다. 게다가 이처럼 비참한 자들이 만족할 만큼 봉사를 하지 않았을 때는, 귀족들은 그들을 평생 동안 사설 감옥에 가두어 놓고 노동이나 고역으로 보상토록 하는 포악한 수법을 썼으며, 옷을 벗긴 다음 채찍질을 하는 등 노예 이하의 대접을 했다.[49]

노예들은 자신들에 대한 이러한 학대를 처음에는 숙명으로 받아들이지만, 중세 영주제에서 보듯이 귀족에 대한 충성을 대가로 귀족에게서 보호를 약속받는다. 그리스는 솔론으로 대표되는 평민의 저항으로 인해 귀족공화국에서 민주공화국으로 바뀐다.[50]

비코는 이러한 변화가 일어나는 원인을 귀족이 두 개의 제도를 새로 제정되도록 허가한 탓이라고 본다. 그중 하나는 재산등록이다. 이는 '민중의 자유의 기반 '이 되었다. 다른 하나는 평민이 호민관을 선출하여 평민의 자연적, 시민적 자유를 수호하게 한 것이다.[51] 즉 평민은 구속 '으로부터의 자유' 와 정치참여 '에의 자유' 를 확보한 것이다.

그리고 이러한 제도 변화에 이어 의식 변화도 일어났다. 즉 평민은 귀족을 더 이상 영웅시하지 않고, "자신들도 귀족과 같은 인간성을 갖는다고 이해하고 자신들도 도시의 사회적 조직에 포함되어야 한다고 주장했다."[52] "귀족이라는 지배계급은 평민에 대해 군주로서 제멋대로 할 자유를 누리고자 하지만 인민의 자유를 실현시킨 법의 노예가 되고 만다."[53]

무엇이 귀족을 이렇게 만드는가에 대해 비코는 명시하지 않으나, 다음과 같은 추론이 가능하다. 즉 결정적 요인은 귀족이 법률을 숭배했다는 점이다. 법은 과거에는 귀족의 지배를 도와주는 도구였으나, 이제는 평민에 대립하는 귀족들 자신의 행동의 자유를 제한하게 되었다고 볼 수 있다. 비코는 법이 역사의 소산이자 역사 형성에 적극적인 역할을 한다고 주장한다.

이러한 주장은 마르크스의 주장과도 유사하다. 그러나 사회투쟁이라는 관점에서 보자면 고대 로마에 이미 평민, 무산계급, 계급이라는 개념이 있었다. 또한 마키아벨리는 《징세론》에서 로마 공화정을 자유롭고 강력하게 만든 요인을 귀족과 평민의 투쟁에서 찾아야 한다고 주장했다. 그러나 비코는 로마가 확대되고 지속된 이유를 "국가 안에서 어떤 변화가 일어나든 국가의 기반이 되는 원리 위에 확고하게 서있을 수 있도록 모든 노력을 기울인 탓"으로 본다.[54]

이성과 문명이 지배한 인간의 시대

마지막 제3단계, 즉 '인간의 시대'는 이성과 문명의 시대로서 비코가 가장 긍정적으로 보는 시대이기는 하지만,[55] 그 시대에 추상적 개념이 지배적으로 되는 한편에서 시나 상상 또는 숭고의 감각이 쇠퇴하는 대가를 치른다는 점에서 전적으로 좋게만 보는 것은 아니다.

인간의 시대에 권위의 정당성은 이성에 의해 의문시되고 관습의 일원화가 법의 다양성에 의해 극복되고 폭력의 완화로 법적 처벌이 약화되며 법은 속어로 쓰인다. 인간성의 동등함에 근거한 법은 공정해지고 관대해지는 특징을 보인다. 즉 영웅시대 법의 엄격성이 사라지고 상식적인 의식도 간결하게 된다. 또한 개별성에 대한 이해로 예외의 법칙이 허용되며, 어린이와 노예, 외국인에 대한 대우도 향상된다. 언어도 추상어가 많아져 철학적 사고를 가능하게 한다. 그 결과 감정이 이성에 의해 통제되는 인간성의 변화도 생겨난다. 반면 문화는 몰락한다.

또한 정체는 귀족 관할에서 평민 관할로 이행하여 평민이 주권자가 되는 민주정으로, 그리고 다시 군주정으로 바뀐다. '인간의 시대'에 나타나는 군주정은 원시의 가족군주제와 그 형태는 동일하나, 보편적인 법의 균등이라는 원칙 하에 세워져 원시의 그것과는 절대적으로 다르다고 비코는 본다.

개인과 인류

위에서 본 비코의 3단계설에서 역사의 내부적 변화의 요인에 대한 비코의 설명은 애매하다. 개인과 인류는 어떤 평행관계에 있는가? 이에 대해 비코는 한편으로는 "사람은 모르는 사이에 먼저 느끼고, 이어서 혼란하고 동요된 마음으로 인지하고, 마지막으로 순수한 정신으로 반성한다"[56]고 하는가 하면, 다른 한편으로는 인간문명의 순서가 "먼저 숲, 다음이 오두막, 마을, 이어서 도시, 마지막으로 학원"으로 진행된다고 말한다.[57] 그런데 무엇이 '문명사'나 '문명의 순서'를 지배하는지, 즉 인간은 어떻게 그것을 만들어 가는지에 대해서는 설명이 불분명하다.

비코의 역사발전 단계론은 그로티우스의 사상을 발전시킨 프랑스와 스코틀랜드 사상가들이 1750년대에 수렵, 목축, 농업, 상업이라는 4단계설을 제안한 것과 유사하다. 그러나 비코는 경제를 무시하고 지성의 변화, 즉 시대정신을 중시하여 인간이 '의도

하지 않은 결과'가 있을 수 있다고 주장했다. 그것은 시대정신이 인간의 편협한 목적을 뛰어넘어 지구상에서 인류를 보전한다는 더 큰 목적을 위해 역사를 이끌어가기 때문이라는 것이다.[58] 그리고 앞에서 보았듯이 비코는 《새로운 학문》 마지막에서 이러한 모든 것을 행하는 것은 결국 정신이라고 주장했다. 그러한 시대정신도 결국은 인간의 지성이 만들어가는 것이기 때문이다. 즉 운명도 우연도 아닌, 결과를 예측하는 사람들의 선택에 의해 역사는 만들어지기 때문이다.[59]

비코가 인간 개인의 변화과정을 말하는 데서도 위의 역사발전 5단계를 연상시킨다. "인간은 먼저 필요를 느낀 다음 유익한 것에 주목하고 이어서 쾌적을 알며, 더욱 나아가서 쾌락과 사치에 빠져 마침내 본성을 버리고 말 정도로 기운을 잃게 되는 것이다."[60]

이어 인류의 변화과정을 역사상의 상징인격을 통해 설명한다. 가령 인류의 변화과정의 각 단계를 아킬레우스, 스키피오, 카이사르, 티베리우스, 네로와 같은 사람들이라고 말한다. 이것은 사람의 본성이 "처음엔 조잡하고, 다음엔 엄격해졌다가 상냥하게 되고, 이어서 섬세해지며, 마지막에는 방종해진다"[61]고 한 것과 대응된다. 그리고 이것이 영원한 이념의 역사의 원리의 일부를 구성한다고 한다. 이 영원한 이념의 역사를 통해 "각 민족은 발흥하고 발전하고 성숙하고 쇠퇴하고 멸망해가는 과정을 거치게 된다"고 한다.[62]

비코는 신의 섭리가 인간에게 강요되는 방식이 아니라 인간을 통해서 작용한다고 말한다. 그것은 개별적 현상이나 개인을 통해서가 아니라 장기에 걸친 사회적 과정을 통해 작용한다.

역사의 회귀

여기서 우리는 비코가 말하는 역사의 3단계는 필연적인 과정(corso)이면서도 회귀(ricorso)된다고 보는 점에서 단선적 발전이 아니라 회귀의 가능성을 인정한 점에 주목할 필요가 있다. '신의 시대'가 재귀하는가에 대해서 그는 침묵하나, 로마가 멸망한 뒤 유럽 중세에 영웅이나 '야만의 시대'가 회귀했음은 자신 있게 말한다.

즉 중세에 나타나는 '봉건제',[63] 왕들의 빈번한 추방,[64] 문장(紋章)이라는 상형문자서법, 신성재판(결투나 각종 미신적인 방법의 중세 재판을 초기 로마의 관행과 비교한다)을 야만시대가 회귀한 것이라고 주장한다. 그러나 베이컨과 달리 비코는 중세로부터 근대로의 이행과정(화폐, 화약, 인쇄술 등)에 대해서는 침묵한다.

이처럼 역사를 순환으로 보는 태도는 고대 그리스나 로마에서도 있었다. 중세에는 역사의 끝을 소멸로 보는 유대 기독교 역사관이 지배했다. 그리고 르네상스에는 두 가지가 공존했다. 계몽주의는 자기 시대를 필연적으로 쇠퇴하는 순환의 발흥기로 보았다. 비코가 초기에 로마는 동방의 사치에 의해 정복됐다고 본 것은 그 하나였다. 그러나 후기에 와서 비코는 쇠퇴라는 개념을 잊었거나 무시했거나 또는 그다지 중요시하지 않았다.

앞에서 보았듯이 비코는 로마의 《12표법》이 아테네에서 비롯됐다는 주장을 물리치고(앞에서 보았듯이 모순된 논의가 있으나), 상이한 민족의 신화가 보이는 유사성이 모두 성서에서 비롯된 것이라고 보는 견해도 거부했다. 즉 그것은 자발적인 평행적 발전과정의 산물이라고 본다. 언어에 대해서도 어휘의 차용이라는 주장을 물리치고 각 민족의 언어는 그 습속을 반영한다고 강조한다. "서로 교섭이 없는 민족 사이에도 공통의 관념이 생기는 것은 진리에 대한 공통된 근거가 존재하기 때문이다".[65] 따라서 무신론자 사회는 존재하지 않고, 모든 민족은 종교의식을 실시하며 어떤 형태의 결혼이나 매장 형식을 갖는다고 보았다.

이처럼 외부에서 도입된 변화보다, 사회나 문화의 내부로부터의 발전을 중시한 점이 비코의 특징이다. 르네상스기에 법률가 사이에 그런 생각이 퍼졌으나, 비코는 이를 역사 일반으로 확대한 점에서 특이하다. 이는 당대의 통념에 역행한 것이었다는 점에 비코의 위대성이 있다.

비코는 중세와 함께 자신의 시대를 "원초의 인간이 감각에 기반한 야만에 의해 그렇게 된 이상으로 내면적 성찰에 기반한 야만에 의해 더욱 비인간적으로 된 짐승"[66]의 시대라고 평가한다. 즉 야만상태라는 역사의 회귀가 초래됐다는 것이다.

비코는 중세라는 야만의 회귀에 대한 치유책을 기독교에서 찾았다.[67] 그는 아메리카 인디언의 경우에는 회귀와 치유에 관한 문명의 과정을 인정하면서도[68] 기독교를 자신의 시대에 대한 치유

책으로 삼기에는 회의가 드는지 기독교에 의한 치유가능성에 대해 거의 언급하고 있지 않다. 그러나 중세 야만이 고대 야만보다 더 어두운 역사였다고 하고서[69] 고대 야만에 관심을 집중하여 현대 야만과 비교함이 자신의 목적에 유용하다고 주장한다.[70] 이는 르네상스적 휴머니즘을 비코가 계승했음을 다시금 보여주는 대목이다.

비코는 현대의 야만이 극단적으로 진행되면 섭리의 작용에 의해 사람들이 '초기시대의 원시적 단순성'을 되살리려 깊은 신앙심과 정직성, 신의 등을 되찾게 된다고 말한다.[71]

05

세 시 대 의 언 어

언어

법에 대해서와 마찬가지로 언어에 대해서도 그것이 자연적인 것
인가, 아니면 관습적인 것인가에 대한 논쟁이 그리스 시대로부터
있었다. 플라톤의 《크라틸로스》에 언어에 대한 논쟁이 나온다.
크라틸로스는 언어는 자연과 유사하다고 주장한 데 반해 헤르모
게네스는 언어는 자의적인 것이며 사회의 관습에 의해 그 의미가
부여된다고 반박한다. 이에 대해 소크라테스는 언제나 그렇듯이
어느 것이 옳다고 말할 수 없다고 하면서, 언어가 사물과 밀접하
게 관련되는 어원의 보기를 몇 가지 들어 그 근거를 뒤집는다.

16세기 말 신대륙이 발견되면서 서구인들이 다양한 외국어를
접하면서 자연법의 경우와 마찬가지로 언어에 대해서도 그 기원
과 발전과정에 대한 이해를 둘러싸고 격렬한 논쟁이 일어났다.
또한 당시 발달한 수학의 영향을 받아 각 기호가 단 하나의 의미
를 가지며 각 의미가 하나의 기호로 나타내어지는 것처럼 오해가

생길 여지가 없는 그림문자 같은 세계어를 발명하는 것이 가능하다는 주장이 나오기도 했다. 성서와 관련하여 바벨탑으로 인해 인류가 서로 다른 언어를 쓰게 된 저주에서 인류를 해방시키고, 천지창조 시에 아담이 모든 새나 짐승에 명명한 언어[1]를 되찾자는 주장도 제기되었다. 학자들은 그 언어가 히브리어, 중국어, 네덜란드어, 스웨덴어 중 어느 하나일 것이라고 주장했다.

비코는 세 가지 시대와 관련하여 언어의 교류를 세 형태로 분류했다. 즉 신의 시대에는 제의를 통해 자연적 기호와 제스처와 같은 '침묵어'[2]를 포함한 무언의 종교적 행위인 신성한 의식에 의해 교류한다. 예컨대 모든 민족에게 손은 권력을 의미했다. 고대 그리스에서는 머리에 손을 얹는 것이 권력을 부여한다는 뜻이고, 권력이 부여되면 거수로 환호하여 승인했다.[3]

또한 원초의 인간도 지금의 이집트, 중국, 멕시코에서처럼 신성한 문자인 상형문자를 사용했다고 비코는 설명한다. 이처럼 상형문자나 의식은 그것이 의미하고자 하는 관념과 자연을 연결시키는 점에서 문자의 최초 형태는 자연적이라고 비코는 주장한다. 한편 영웅의 시대에는 관습적으로 표상된 그림문자가 사용되고 그것이 중세에도 재귀하여 문장으로 사용된다. 그리고 마지막 인간의 시대에는 각종 알파벳이 개발된다.

비코는 언어도 자연에서 관습으로 유사하게 진화한다고 본다. 그는 의미하는 것과 의미되는 것 사이에 자연의 관계가 있다고 하면서 의성어(擬聲語)의 예를 들어 언어가 관습에서 시작되었다는 주장을 반박한다.[4] 언어는 끊임없는 추상화의 과정을 거쳐 감탄사, 대명사, 불변화사, 명사, 동사의 순서로 발달해간다. 또한 지리적, 사회적 조건에 따라 지방어가 분화된다.[5] 이는 성서에서 언어가 바벨탑이 무너지면서 혼란을 보였다는 주장에 대한 반박이다. 이집트, 중국, 멕시코의 그림문자가 유사하다는 점은 다른 사람도 주목한 것이나, 비코가 원초적 언어를 강조한 점은 비코의 독창성이 엿보이는 대목이다. 그런 주장이 다시 야기된 것은 18세기에 루소나 헤르더에 의해서였다.

이보다 더욱 독창적인 점은 비코가 원시적 언어의 구상적 성질을 강조하고 그것이 다른 시대 시의 언어와 유사하다고 본 점이다. 비코는 원초의 인간의 언어가 숭고했고 시적이라고 주장한다. 영웅의 시대에는 영웅적인 시가 만들어졌고 고대 로마의 시는 엄숙했으며 이스라엘 최초의 법은 운문이었고 최초의 역사가는 시인이었다고 그는 주장한다. 그러나 비코는 시를 중시했다기보다는 시에 담긴 비유적 내용과 구상적 사고를 강조했다.

《보통법》에서의 언어연구

비코는 《보통법》에서부터 호메로스의 서사시와 《12표법》의 연구를 통하여 언어문헌학의 연구를 심화했다. 호메로스의 서사시에 대해서는 그 성립연대에 의문을 제기하고 작자와 작품의 성립 사이에 상당한 시간적 간격이 있다고 주장했다. 즉 서사시에서 다루어진 트로이 전쟁이 끝난 지 4백~5백 년 뒤에 호메로스가 출현하여 이 시를 지었으므로 이 작품이 구전에 근거하며 문자로 옮겨진 것은 더욱 뒤의 일이라고 보았다.

비코는 《새로운 학문》에서 이 견해를 더욱 발전시켜 그 서사시는 당시 많은 학자들이 말하듯이 신비하고 철학적인 작품이 아니라, 원시민족의 상상력과 에너지에 의해 만들어지고, 그 후 오랜 기간을 거쳐 완성된 시의 집대성이라는 견해를 제시했다. 앞에서 본 것처럼 《이탈리아인 태고의 지혜》에서 비코가 선택된 지식인의 실천적 지혜를 복원하고자 했다면, 《보통법》에서는 원초 인류 사회의 구성 원리를 모색하면서 그 원동력이 된 '민중의 지혜(sapienza volgare)' 를 발견한 것이다.

또한 언어에 대한 고찰을 통해 비코는 종래 시의 기원에 대한 두 가지의 견해가 모순됨을 발견했다. 그 하나는 키케로가 말하듯이 호메로스와 같은 시인은 민중의 언어와는 다른 언어를 사용했다는 견해였다. 그리고 또 하나는 시인이야말로 최초의 문명사회를 만들어낸 사람이라는 견해였다. 이에 대해 비코는 시인이 미개의 야만인들을 문명사회로 이끌었다면 자신들의 표현을 설명하기 위한 문법서가 필요할 정도로 속어와는 전혀 다른 언어를 왜 사용했는가 라는 의문을 가졌다.

또한 법의 기원과 그 언어에 대해서도 비코는 문자가 없던 시대에는 법이 구두로 공포되었을 것이므로 기억하기 좋은 형식을 취했을 것이고, 따라서 최초의 법률가는 시인이었다고 주장했다. 나아가 법은 대부분 종교와 관련됐으므로 민중이 알지 못하도록

신비한 언어로 사용되어 그것을 해석하기 위한 사제집단이 출현
했으며, 그 결과 문자의 발명이 법과 관습을 구별하게 만들었다
고 보았다.

여기서 비코는 종래 역사적 사실보다도 철학적 추론을 중시한
것을 반성했다. 그리고 언어문헌학을 무시한 데카르트에 반론하
면서 사료의 이용을 위해 원어의 지식이 중요함을 강조했다. 그
러한 연구를 통해 비코는 시인의 언어가 통상의 언어와 다르다는
견해를 부정하고 언어는 종교와 법에 의해 유지됐고, 그 언어는
시적이었다고 보았다. 이를 《새로운 학문》에서는 다음과 같이 주
장했다.

국가 설립의 기반이 된 법과 국가의 초기 제도가 어디서나 운문으로
기록됐다면 우리는 필연적으로 태고인들은 모두 시인이었다고 결론
내릴 수밖에 없다.[6]

여기서 비코가 말하는 시적이란 말은 감각적이고 상상력이 풍
부한 것을 뜻하고, 따라서 반이성적이고 직관적임을 의미한다.
그러나 이는 현대적인 의미에서 말하는 '서정성'과는 전혀 다른
것이다. 도리어 비코가 말하는 태고 민족의 시는 그들이 본 그대
로의 현실 역사를 뜻한다. 또한 그들이 사용한 비유는 현대수사
학에서 말하는 것과는 전혀 달리, 민족의 감각에 호소하는 그대
로의 모습을 표현하기 위한 자연의 수단이다. 비코가 이러한 시

적 언어의 특질을 유아의 언어에 대한 관찰을 통해 발견함은 앞에서도 설명했다.

이러한 비유적 표현은 태고의 시적 민족에게는 수사학적 기교와는 전혀 무관하게, 현실의 복잡함에 대해 한정된 표현으로 응하고자 하는 욕구에서 생긴 것으로서, 그야말로 "극단적인 언어의 빈약함 속에서의 설명의 필요성"이 낳은 것이다.[7] 이처럼 비코는 수사학 교수로서 닦은 고도의 지적 소산인 전통적 수사학에서 출발하여, 그 표현기법의 논리를 언어의 기원에 대한 해명에 적용함으로써 전통적인 수사학 개념을 초월하고 발상을 전환했다.

언어의 성질

비코는 인류의 유아에 해당하는 태고 인간들이 사물에 대해 지적 개념을 만들어내는 능력을 결여한 탓으로 자연스럽게 '시적 상징 인격'이라는 것을 만들 필요가 있었다고 보았음은 앞에서도 설명했다. 여기서 비코는 모든 민족에게 나타나는 자연법처럼 모든 민족에 공통되는 정신언어의 어휘를 뜻하는 '정신의 사전 (dizionario mentale)'을 구상한다.[8] 비코는 정신언어를 다음과 같이 설명한다.

인간사회의 각종 제도들의 본성에는 정신언어가 전제로 되어 있다. 이 정신언어는 모든 민족에 공통적으로 보인다. 정신언어는 인간사회의 모든 요소들의 실체를 동일하게 파악하면서도 그 요소들의 각기 다른 양상에 조응해 다양하게 표현한다. 그 증거가 속담, 즉 세속적 지혜를 나타내는 격언인 것이다. 속담에서는 실질적으로 동일한 것이 고대와 근대에 수많은 나라가 있었던 것만큼 다양한 양상으로 표현되고 있다.[9]

비코에 의하면 합리적인 정신에는 동일한 것으로 보이는 현실도 언어의 차원에서는 다양한 양상을 보인다. 따라서 '정신의 사전'은 '영웅적 상징'을 통해 표현된 말에, 또는 상상에 의해 만들어진 전형(시적 상징과 같은 의미)이나 그러한 여러 상상적 전형으로 함축적으로 표현된(contrazione) 형태에서 파생된 어휘에 본래의 의미를 부여한다.[10]

인류에 공통된 자연적이고 정신적인 필요성이 상상에 의해 만들어진 전형을 낳는다면 세계에 존재하는 인간집단의 수와 같은 수의 언어가 존재하는 것은 무엇 때문인가 라는 의문이 당연히 생겨난다. 이에 대해 비코는 그 이유를 각 민족이 각각 상이한 풍토에서 성질이 달라지고 이에 따라 다양한 관습이 생겨남에 근거하여, 설령 인간생활에 공통된 개념이라도 그것을 상이한 관점에서 보았기 때문이라고 설명한다. 즉 관습의 차이가 세계를 서로 다른 방식으로 분석하게 하므로 다양한 언어를 낳았다는 것이다.[11] 따라서 상상에 의해 만들어진 전형은 인간사회의 각각에 대응하여 상이한 방식으로 상이한 경위를 거쳐 실현된다고 본다.

여기서 비코의 독특한 언어관이 나온다. 즉 언어란 이미 존재

하는 개념을 표현하기 위해 인간이 신중하게 조립한 인위적인 수
단이 아니라 자연스럽게 발달한 것이고, 따라서 그 발달의 경위
는 인간 정신의 발달과정과 불가분의 관계에 있다는 것이다. 이
러한 비코의 언어관에 대해 아우어바흐(1892~1957, 독일의 문화
연구가)는 다음과 같이 찬탄한다.

> 다른 모든 발견과 그 결과로서 생긴 모든 통찰에서 도출된 가장 중요
> 한 발견은 원초의 사회상태에 놓인 인간에 대한 이해이다. 합리주의
> 적 유토피아 시대의 최성기에 이제 막 생긴 계몽주의의 문화적 상황
> 에서 비코는 누구보다도 먼저 '원시' 인류의 정신구조에 대한 명확한
> 개념을 갖게 됐다. 그 당시 학자들은 인류의 원초시대를 낙원과 같은
> 오염되지 않은 상태로 보거나 본능에 지배되는 혼란스러운 투쟁 상태
> 로밖에 생각하지 못했고, 비코와 같이 참된 통찰력을 갖춘 사람은 한
> 사람도 없었다.[12]

이러한 비코의 언어관은 위에서 고찰한 언어문헌학의 그것으
로 단순히 언어를 인간역사의 한 부분으로 본 것이 아니라. 언어
에 대한 고찰이야말로 비코 사상에 핵심적인 것이었다. 즉 비코
는 모든 언어에서 영속적, 보편적으로 작용하는 힘을 탐구하여
언어의 본질을 해명한 것이었다. 이러한 본질의 해명은 다음에
서술할 역사 3단계에 따른 그의 언어사관에서 분명히 드러난다.

신의 시대의 언어

비코는 역사 초기는 무성의 시대로서 "신호, 제스처로 또는 (표현하려는) 관념과 자연의 연관성을 가진 물체"로 나타났는데, 이를 플라톤 등이 '자연어'라고 한 것은 잘못이라고 비판한다.

> 왜냐하면 신학시인들이 사용한 이 최초의 언어란 사물의 본성을 복사한 말이 아니라(아담이 발견한 신성어(神聖語)는 이런 말이었음에 분명하다. 신은 아담에게 각 사물의 성질에 따라 명칭을 붙이는 신성한 의성음법(擬聲音法)을 가르쳐 주었기 때문이다), 생명을 가진 실체, 그것도 대부분이 신성한 것으로 상상되는 실체를 사용한 상상어였기 때문이다.[13]

이러한 비코의 언어관은 플라톤 이래의 자연어설을 비판함에도 불구하고 그 전통 속에 있음에 주의할 필요가 있다. 플라톤은 언어를 통한 지(知)에 직관적인 지를 대치시키고 후자를 더욱 고차원적인 것으로 보았다. 이러한 전통은 아퀴나스를 비롯한 중세 교부철학을 거쳐 단테에까지 이어졌고, 17세기에는 수학의 세계에서 직관적인 순수사고를 추구하는 것으로 나타났다.

비코는 원시시대에는 사람들이 정신적인 것과 영적인 것을 표현하기 위해 육체와 육체적 속성으로부터 전이된 어휘들을 사용했다고 본다.[14] 가령 스키타이 왕 이단투라는 선전 포고를 한 페르시아의 다리우스 왕에게 다섯 개의 실물어(實物語)인 개구리, 쥐,

새, 쟁기, 활을 그려 보내어 전쟁에 임하는 각오를 표현했었다고 한다. 이러한 상징어는 중세의 문장, 깃발, 메달, 방패, 화폐 등에서도 발견된다고 한다.

영웅의 시대의 언어

비코는 "자연어의 뒤에 심상, 직유, 비유, 자연의 특질에 따른 시적 언어가 태어났을 것"이라고 말한다.[15] 그리고 이는 "영웅의 시대에 해당되는 제2의 언어는 상징을 활용해 사용했다고 이집트인들은 말한다. 제2의 언어에는 호메로스가 세마타(영웅들이 기록할 때 사용한 기호)라고 부른 '말로 표현되지 않는 직유'와 같은 영웅시대 특유의 상징들이 포함돼 있었을 것이다."[16]

태고의 인간은 유아처럼 현실로부터 본질이나 특질을 추상하고 지적인 개념을 형성하는 능력이 결여됐으므로 자연스럽게 영웅과 같은 시적 상징인격을 창출할 필요가 있었다. 시인이란 그리스어로 '창조하는 사람'을 뜻했다고 비코는 말한다.[17]

이러한 영웅어의 특징은 그 비유적 표현법에 있다. 가령 여러 언어에서 무생물에 관한 표현의 대부분이 인간의 신체나 감각, 감정에서 가져온 은유적 표현이라고 하며 예를 다양하게 든다. 이것은 "무지한 인간은 자신을 우주의 척도로 삼는다"는 공리를 입증하는 것이라고 한다. 무지한 사람은 자신의 신체를 온 세계의 축소판으로 보기 때문이다.[18]

태고의 인간은 하늘에서 끔찍한 천둥·번개가 치는 것을 목격하고 하늘은 생명을 가진 거대한 물체라고 생각하여 그 모습을 상상하게 됐다. 그런데 이와 동시에 유성어가 시작됐다고 비코는 본다. 유성어는 지금도 어린아이들이 자기의사를 표현할 때 즐겨 사용하는 의성어의 형태로 시작됐다. 그리스인은 번개 치는 소리를 따서 '제우스'라고 불렀다. 이러한 언어의 기원에서 볼 때 앞서 제우스 신화에서 본 것처럼 '시적 상징인격' 또는 '상상적 보편자'로 창조해 가는 과정의 극점에서 의성어 형태의 시적 표현이 시작됨을 알 수 있다.[19] 제우스뿐만 아니라 헤라클레스, 포세이돈 등 대부분의 신의 이름은 그것이 상징하는 의미를 가지고 있다.

이러한 비유법에 의한 감정이입은 시적인 언어 구사의 출발이자 그 시대를 특징짓는 언어와 사고의 형식인 '시적 논리학'이었다고 비코는 본다. 즉 지금 우리에게는 단순히 수사적인 기교로 보이는 것들이 고대인들에게는 실제로 감각하고, 관찰하고, 기억하고, 상상하고, 희망하고, 경외하고, 숭배하는 모든 것으로서, 그들의 경험 전체를 질서 짓고 연관지으며 전달하는 유일한 수단이었다.

비코는 이어 감탄사가 생겨났다고 본다. "감탄사는 격렬한 정념이 깃든 분절어로서 어떤 언어에서든지 단철음이다."[20] 그리고 이어 대명사가 나온다. "감탄사는 자기의 감정을 발산시키는 것이기 때문에 자기 혼자 행할 수 있으나, 대명사는 그 본래의 명칭을 우리가 모르고, 또 다른 사람도 모르는 어떤 사물에 관한 자신의 관념을 다른 사람에게 전달하는 역할을 한다. 그리고 대명사는 거의 대부분이, 또 어떤 언어에서든지 대개 단철음이다."[21]

이어 전치사 등의 불변화사가 나오고 명사는 서서히 형성되며 마지막으로 동사가 나온다.[22] 명사가 동사보다 먼저 생겨났다는 것은 문장의 주어에 명사를 사용하지 않고서는 어떤 문장도 성립할 수 없다는 변함없는 사실에 의해 증명된다.[23] 또한 동사가 마지막으로 나오는 것은 "어린아이들이 명사나 전치사는 곧잘 표현하지만 동사는 곧잘 표현하지 않고 남겨두는 것과 비슷한 일이다. 왜냐하면 명사가 주는 관념에는 고정된 인상이 있다. 인상의 변화를 표현하는 전치사도 마찬가지이다. 이에 대해 동사가 표현하는 것은 전부 움직임이며, 움직임에는 분리시킬 수 없는 현재를 기준으로 설정된 과거와 미래가 딸려 있으므로 철학자들조차 파악하기가 쉽지 않기 때문이다."[24]

비코의 시론과 미학

위에서 비코가 시적 논리학이라고 부른 것은 현대의 미학을 뜻한다. 미학은 비코 사후에 독일의 바움가르텐(1714~1762)에 의해 창시됐지만, 그 전에 이미 비코가 만들었다고 볼 수 있다. 동시에 그것은 비코 당대의 시와 예술에 대한 개혁의 주장이기도 했다.

당시 예술은 숭고한 철학적·신학적 진리의 세련된 표현으로, 또는 오락과 유희의 산물과 수단으로 간주됐고, 데카르트의 수학적 사고에 의해 정확한 규칙에 의해 완성되는 경향이 있었다. 이러한 세 가지 경향에 대해 비코는 시란 지적인 논리를 필요로 하는 철학적인 것도 아니고, 인간의 정신에서 자연스럽게 나오는 것이므로 유희도 아니라고 보았으며, 정확한 음절이 아닌 은유적 표현을 사용하므로 정확한 규칙에 따를 수도 없다고 보았다.

시적 표현은 열정과 감정에 의해 만들어지는 것이므로, 이성과 성찰에 의해 만들어지는 철학적 서술과는 다르다. 철학적 서술은 보편성을 향해 갈수록 진실에 가까워지는 데 반해 시적 표현은 특수성을 향해 갈수록 확실한 것이 된다.[25]

그러나 시와 철학이 완전히 구분되는 것은 아니다. 즉 감각 없이는 지식도 있을 수 없고, 시를 떠나서는 철학도 존재할 수 없다고 비코는 보았다. 고대의 시는 철학을 대신하고 철학을 낳은 모태였다. 고대인들은 '시적 상징인격'을 통해 보편적 또는 지적 개념을 이해했다고 비코는 강조한다.[26]

비코는 그러한 '시적 상징인격'의 특징이 숭고함이었다고 보았다. 숭고함이 곧 비코의 기본적인 미 개념이었다.[27] 그리고 비코는 그 숭고함으로부터 두 가지 영원한 특질이 생겨난다고 본다.

하나는 시적 숭고성이 항상 대중적 요소들을 포함하고 있다는 점이고, 다른 하나는 일단 영웅의 상징인격이 만들어지면 사람들은 탁월

한 모습의 그 상징인격을 통해서만 인간의 행동들을 상상할 수 있다
는 점이다.[28]

즉, 비코는 시가 대중적인 것이라고 보았고, 사람들은 시가 창
조한 상징인격을 통해 인간의 행동을 이해한다고 보았던 것이다.
비코에 의하면 신화는 인간이 세계를 보고 이해하며 반응하는 체
계적인 방식이었다. 그런데 신화가 시적 특성을 갖게 된 이유는
신화가 발생한 사회 자체가 시적이었기 때문이다. 따라서 신화는
그런 시적 사회의 습관이나 사회적 이념을 상징한 것으로 해석되
어야 한다.

마찬가지로 고대의 '시적' 법은 애니미즘과 주물숭배로 가득
한 '엄격시'이다. 가령 고대 로마법은 그 처음이 옛 우화이자 신
화였고,[29] 따라서 그것이 관습의 참된 역사였다.[30] 여기서 비코는
마르크스를 예견하는 신화에 대한 사회적 해석, 특히 계급투쟁적
해석을 감행한다. 가령 제우스에 대해 음모를 꾸민 미네르바는
참주에 대항해 연합한 귀족층을 뜻하고, 미네르바가 마르스를 해
친 것은 귀족층이 평민층에 승리함을 뜻한다. 또한 솔론은 평등
한 권리에 대한 하층민의 열망을 보여준다. 이처럼 신화는 사회
질서 내의 권력과 제도의 급진적인 변화를 보여준다고 비코는 해
석한다.

참된 호메로스의 발견

비코는 호메로스를 '최초의 가장 숭고한 영웅적 시인'으로 본
다.[31] 호메로스의 지혜가 바로 시적 지혜이고, 그의 시적 소재는
당시의 세속적인 관습이었다고 비코는 주장한다. 그러므로 호메
로스는 고대 그리스 영웅시대의 역사와 관습을 보여주는 가장 중
요한 문헌이 된다.

그러나 비코는 호메로스가 썼다고 하는 《일리아드》와 《오디세
이》의 저자가 다르다고 주장한다.[32] 즉 "자부심, 격분, 복수를 향
한 갈망을 나타내는" '폭력의 영웅 아킬레우스'를 노래한 《일리
아드》는 북동 그리스의 시인이 지었고,[33] 그보다 훨씬 세련되게
페니키아 왕의 사치, 칼립소의 유혹, 세이레네스의 노래, 교활한
영웅 오디세우스를 노래한 《오디세이》는 남서 그리스의 후대 시
인이 지었다고 본다.[34] 따라서 두 작품은 고대 그리스 사회의 상이
한 전·후기를 보여준다고 비코는 분석한다.

이러한 호메로스 (또는 비코가 주장하듯이 상이한 민요가인 집
단)의 시에 비해 그 후 철학시대에 등장한 고대 그리스 비극은 훨
씬 조악하다고 비코는 비판한다.[35] 또한 실제 인물을 다룬 구희극
(기원전 5세기경의 그리스 희극. 공적인 인물을 활기 있게 풍자한
것이 특징이다)에 비해 도덕 철학적 내용만을 다룬 신희극(기원
전 3~4세기의 그리스 희극. 평범한 시민을 주인공으로 하여 가정
사나 연애 문제를 가볍게 다룬 것이 특징이다)은 그 수준이 시적
으로 더욱 뒤떨어진다고 평가한다.[36] 그 뒤 기교적으로는 더욱 세

련된 베르길리우스도 호메로스의 거대한 야만성에 비해 시적으로 뒤떨어진다고 본다.

호메로스가 개인이 아니라 여러 민요가인 또는 음유시인이었다는 사실은 1795년 독일 고전학자 볼프(F. A. Wolf)에 의해 밝혀졌는데, 그 후 10여 년이 지나 볼프는 이미 비코가 그런 사실을 밝혔음을 알고 1807년 비코에 대한 평가를 절하하는 언급을 했다.[37]

비코가 호메로스의 거칠고 잔인한 표현과 묘사의 숭고함을 칭송한 것은 18세기 후반에 시작된 낭만주의 시와 예술의 선구가 됐다. 당시 문화를 주도하던 프랑스 고전주의에 대한 반발로 1770년대 독일의 질풍노도(Strum und Drang)운동이 일어나 낭만주의 시대가 시작되었다. 괴테와 함께 그 운동을 주도한 헤르더는 당시 고도로 발달한 문명적인 취미, 모방, 규칙에 반대하여 진정한 시의 창조를 자유로운 본성과 상상을 본질로 하는 민요, 속담, 서사시 등 민중적인 기원에서 찾았다.

인간의 시대의 언어와 시의 퇴보

인류의 언어가 신성어, 영웅어, 속어의 세 단계를 거쳐 왔다고 처음 말한 사람들은 고대 이집트인들이었다.[38] 이중에서 제3의 언어인 인간의 언어는 일상생활상의 용건을 멀리 떨어진 사람들에게 알리기 위한 서간체였다고 비코는 말한다.[39] 나아가 이는 이집트의 주민인 테베 서민계층에서 생긴 것으로 인간의 시대에 대응하는데, 여기서 인간이란 영웅국가의 평민을 뜻한다고 한다.[40]

본성상 시적인, 가장 숭고한 영웅어의 전형을 호메로스의 시에서 발견한 비코는 이를 기준으로 삼아 각 언어를 평가한다. 영웅어가 우수한 점은 '자연에 기원한' 점에 있다고 하면서, 비유적 표현이 풍부한 점이 그 증거라고 했다. 이에 비해 인간의 언어는 산문적 언어이다. 즉 합리적 정신에 의해 본래의 자연적이고 비유적인 표현을 경제적으로 단축한 것이다.[41]

호메로스는 신적, 영웅적 시대의 자연스럽게 자신을 표현하는 시적 지혜의 예술을 상징한다. 그러나 인간의 시대에 오면 사물을 더욱 적확한 개념으로 이해하게 되고, 감각으로부터 추상화되어 철학적 사고가 가능해지면서 시적 사고방식은 쇠퇴한다.

3단계는 동시에 발생한다

비코는 3종의 언어와 문자는 동시에 발생한 것이라고 본다. 이것은 신과 영웅과 인간이 같은 시점에서 시작됐다고 하는 비코의 원칙에 근거하여 생각하면 당연한 것인지도 모른다. 신을 상상한 것도, 스스로의 영웅적 성질에 신의 성질과 인간의 성질이 섞여 있다고 믿은 것도, 역시 인간이기 때문이다. 세 가지 언어의 차이점에 대해 비코는 이렇게 설명한다.

신들의 언어는 거의 무성어로서 유성인 것은 거의 없다. 영웅어는 유성어와 무성어가 반씩 섞여 있다. 그 결과 속어와 영웅적 상징어를 포함하는 것이 됐다. 영웅적 상징어란 호메로스가 기호라고 불렀던 것을 말하는데, 영웅들이 말하고 기록한 언어를 가리킨다. 이에 반하여 인간의 언어는 대부분이 유성이고, 무성은 드물다. 그러므로 거의 모든 사상(事象)에 각각 대응하는 말이 있을 정도로 엄청난 수의 속어가 생겨난 것이다.[42]

이처럼 비코는 인간의 언어인 속어가 관습에 의해 성립됐음을 인정하면서도, 동시에 그 속어에는 자연적 기원, 즉 비유적 표현 즉, 시적 표현을 갖는 표현형식이 상당히 포함되어 있다고 주장한다. 가령 "라틴 속어 어휘의 대부분은 자연적 특질 또는 감각적 효과를 통해 자연물을 변형하여 만든 것"이라고 한다.[43] 이는 아리스토텔레스 이래의 전통적인 언어관습설을 부정하는 것이다.

그런데 이러한 언어사관은 비코가 말한 역사 3단계와 모순을 이룬다. 그래서 비코는 언어도 각 시대에 따라 순차적으로 형성된 것이면서 한편으로는 처음에 동시에 발생한 점을 다음과 같이 표현한다. "마치 크고 빠른 강이 바다로 흘러가는 기나긴 여정 중에 새로운 강물을 계속 받아들이는 것과 비슷하다"는 것이다.[44] 즉 인간의 언어에는 신적, 영웅적 언어표현이 잠재적인 또는 현재(顯在)적인 것으로 남아 있다고 본다.

따라서 '시적'인 본성을 타고난 고대인들의 언어와 달리 이성적이고 비상상적인 인간의 유성어는 시인의 창조적 노력에 의해서만 영웅적 창조에 가깝게 된다고 비코는 주장한다.

06

비 코 의 자 연 법 관

자연법

앞에서도 보았듯이 비코는 《새로운 학문》을 '자연법의 체계' 로 제시한다. 자연법이란 개념은 아리스토텔레스까지 소급되는 것이다. 아리스토텔레스는 정의가 관습과 관련이 있다거나 지역에 따라 달라진다는 생각을 거부하고, 정의와 관습법을 명확하게 구별했다. 즉 관습이란 중량이나 척도와 같이 편의에 근거하여 설정된 법으로 지역에 따라 달라지지만, 정의란 변하지 않는 보편적인 '자연' 이라고 보았다. 이러한 자연법사상은 자연법을 '분별' 이라고 부른 고대 로마와 중세, 특히 아리스토텔레스와 13세기 기독교 전통을 융합한 토마스 아퀴나스(1225~1274)까지 이어진다.

16세기 말 아메리카 대륙이 '발견' 되면서 유럽과 전혀 다른 세계에까지도 과연 자연법이라는 것이 존재하는가에 대한 회의가 생겼다. 이어 유럽 여러 나라에 중앙집권국가가 형성되면서 그러한 회의는 더욱 커졌다. 모든 국가는 각자 법을 제정할 권리를 가진다는 주장이 나와 국가 간의 관계를 규정하는 자연법의 필요성이 없어진 탓이었다.

그러나 국제무역을 중시한 네덜란드에서 태어나 국제법을 구상한 그로티우스는 자연법을 '분별' 또는 '상식'의 명령이라고 정의하고, 그 본질을 타인의 권리를 존중함이라고 규정하면서, 그것을 여러 국가의 실정법과 동일시했다. 당대의 영국 법학자 셀던이나 독일 법학자 푸펜도르프도 유사한 입장을 취했다. 그리고 세 사람 모두 신이 없다고 해도 자연법은 존재한다고 보았다.

비코는 자연법의 존재를 믿는 점에서 그러한 전통을 따르며, 도리어 그로티우스 등이 자연법을 신의 섭리가 아니라, 세속적으로 해석했다고 비판한 점에서 더욱 전통적이기도 하다. 그래서 신이 없어도 인간이 존재한다고 본 그들을 '에피쿠로스적'이라고 비판한다.[1]

한편 비코는 그들이 문명사회 이전에 '원초의 인간'이 살던 '자연상태'의 세계를 자연법으로 설명하는 것은 시대착오적인 것이라고 비판한다. 즉 자연법론자들이 말하는 자연상태란 근대의 합리적 정신이 원초의 인간에게도 있었다고 하는 잘못된 전제에서 비롯됐다고 비판한다. 이처럼 탈신비화 되어버린 세계관에서 시작하는 것은 세계의 기원을 무시하는 것이고, 세계를 이해하지 못하게 만드는 것이다.

이 학설을 주도하는 세 사람인 그로티우스, 셀던, 푸펜도르프는 앞의 공리 106에 따라 그들의 연구 소재가 시작되는 인류의 처음에서 출발점을 찾았어야 했다. 그러나 그 세 사람은 이 점에서 똑같은 잘못을 범하고 있다. 훨씬 후가 되는 중간기, 즉 이교 여러 민족의 말기(완전히 발달한 자연 이성을 갖춘 시대)에서 출발한 것이다. 이 시대에는 이미 완전한 정의의 관념을 사고할 수 있는 고도의 철학자들이 배출되고 있었다.[2]

공리 106이란 사이드가 비코 연구의 기본관점이라고 본 "학설은 그것이 취급하는 소재가 시작되는 곳으로부터 시작되어야 한다"는 것이다.[3] 비코는 '그 시작되는 곳'이라고 본 자연 상태의 인간은 잔인하고 무서운 동물인간(bestioni)으로서 참된 인간이 아니었다고 보았다. 그리고 비코는 자연법이 다양한 시대를 거치면서 상이한 형태를 갖는다고 본다. 그 이유는 인간성 자체가 역사의 흐름에 따라 단계를 거치면서 발달하기 때문이다. 따라서 비코는 관습과 법이 시대와 장소에 따라 다른 것은 당연하다고 주장한다.

법

이러한 비코의 주장은 사법(ius gentium)의 역사적 체계가 갖는 정통성을, 그것이 단순한 관습이라고 본 카르네아데스(Carneades, 기원전 214-?, 스토아학파를 비판한 고대 그리스 철학자)나, 유용성이라고 본 마키아벨리에 반대하여 옹호하고자 한 것이었다. 그런 옹호는 이미 합리적이고 영속적인 권리의 체계가 모든 민족의 법에 포함되어 있다고 본 그로티우스에 의해 시도됐으나, 비코는 법체계란 모든 인간제도와 마찬가지로 역사적 발전의 과정에 따름을 보지 못한 점에서 그로티우스를 비판한다. 비코가 주장하듯이 실정법체계가 자연법의 보편적이고 영속적인 체계와 관련된다면, 자연법의 내용은 역사발전에 적용되는 것과 같은 일관된 원칙에 따라 조정되어야 한다.

여기서 비코는 세 가지 명제를 제시한다. 첫째, 개인은 사회를 떠나서는 살 수 없다고 주장한다. 왜냐하면 인간은 본질적으로 부패하는 반면 사회는 그것에 상응하는 법구조를 요구하기 때문이다. 그러한 구조는 관습이나 계약에 근거할 수 없다. 왜냐하면 그것들은 법의 도움 없이는 힘을 갖지 못하기 때문이다. 그러므로 그것은 인간성의 필요한 사회적 성격의 일부로 '자연에 의해' 존재하고, 그것에 자연적으로 따르는 관습을 통하여 존재한다.

둘째, 비코는 민족 제도의 본성은, 따라서 그 법체계의 구조는 그 본성의 개념에 따라 형성된다고 한다. 이것은 비코가 '영원의 이념사' 라고 부른 모델에서 발전된 지배적인 심성의 상태 단계에 따라 변화한다. 비코는 《새로운 학문》 제4권 '제 민족의 걸어온 과정' 에서 세 종류의 시대의 본성, 습속, 자연법, 정치, 언어, 문자, 법학, 권위, 이성, 재판, 학파 등을 구분한다.

비코는 법을 역사 3단계에 따라 신비신학, 영웅법, 인간법으로 나누었다. 이러한 법의 3단계는 각각 신의 시대, 영웅의 시대, 인간의 시대에 대응된다. 그는 최초의 법을 신비신학으로 부르기도 하고, '신의 법' 또는 '시적 법'이라고도 부른다. 그가 말하는 '신의 법'은 상상에서 비롯되는 신에 대한 공포를 통해 채택된 관습법이다. 이 시대에 인간은 모든 것을 신으로 보고, 법체계의 구조와 내용은, 법이 신성한 명령이라고 하는 믿음에 의해 결정된다.[4]

이어 '영웅의 법'은 관습법의 형식화로서 엄격하고 융통성 없이 적용된 폭력의 법이다.[5] 여기서 귀족성은 신과 인간의 결합으로부터 비롯된 것으로 믿어진다. 즉 법체계는 귀족의 사적인 이익을 보호하기 위한 수단이 된다. 그런데 정신의 기본 구조가 더욱 더 합리적으로 변하기 때문에 영웅이 반신비적인 상태와 그들의 특권적인 법적 지위에 대한 성공적인 비판을 유지시키면서도, 그것은 영웅과 그 나머지 민중 사이의 계급투쟁의 시대로 나아간다.

그 결과 성립되는 '인간의 법'은 완전히 발달한 인간 이성에 의해 기록된 것으로서 자연법의 이해에 근거하므로 지혜롭다.[6] 즉 그 앞 시대의 잘못된 개념은 극복되고, 민중은 법의 참된 원리가 만인의 평등에 있음을 이해하게 된다. 그러나 비코는 인간의 합리성이 개별 인간의 자연적 부패를 극복할 수 있다고는 믿지 않았고, 따라서 이러한 시대는 반드시 새로운 야만주의로 타락할 수 있으며, 민족의 생존 사이클을 되풀이한다고 믿었다.

셋째, 비코는 실정법의 역사적 체계는 그것이 항상 이러한 정의에 대한 발전된 이상을 표현하므로 언제나 정당하게 변한다고 주장한다. 이러한 개념의 진리는 철학적으로, 그리고 역사적으로 그 규제기능에서 나타날 수 있다고 그는 보았다.

법의 내부적 진화

비코는 시대에 따라 법이 다른 점을 설명하기 위해 당시 나폴리의 법이었던 로마법을 보기로 든다. 로마법은 6세기 비잔틴 제국 황제였던 유스티니아누스가 편찬한 것이 중세에 계승되어, 11세기 이후 프랑스와 이탈리아의 법률가들에 의해 새로운 상황에 맞추어 해석되고 적용되었다.

비코는 그러한 역사를 통해 윤색된 로마법의 원형을 찾아 《12표법》까지 거슬러 올라간다. 나아가 기원전 451년에 로마사절단이 그리스에 파견되어 아테네의 솔론이 제정한 법을 찾았다고 하는 전설까지 거슬러 올라간다. 이에 대해 비코는 로마인이 그 법을 다른 곳에서 차용한 것이 아니라 《12표법》은 로마의 라티움 지역 관습을 법으로 만든 것이라고 주장하며,[7] 그것을 자연법의 보물이라고 본다. 왜냐하면 그것이 그 지역과 시대와 인간성의 형태에 절실한 것을 나타내기 때문이다.

비코는 《12표법》을 참된 의미의 원시적인 것이라고 보지 않고, 인간의 이성에 근거한 법제도나 도시가 존재하지 않은 시대, 비코에 의하면 '사적 제재의 권리'에 의해 모든 것이 통제된 시대까지 더욱 거슬러 올라간다. 그것이 호메로스의 서사시에 나타나는

시대로서 비코가 말하는 영웅의 시대이다.[8]

그리고 비코는 그 이전의 시대, 즉 신의 시대에는 인간이 그 자신과 그 모든 제도가 신에 의존한다고 믿었다고 주장한다.[9] 즉 분쟁은 신의 재판에 호소하는 것으로 해결됐다고 비코는 주장한다. 그리고 그 이전의 자연상태는 인간이 참된 의미에서 완전한 인간이 아니었던 시대로 본다.

이처럼 호메로스의 서사시를 이용하는 점에서 비코는 자연상태를 말하는 다른 철학자들과 다르고, 또한 《12표법》 이전의 시대를 논의하는 점에서 휴머니스트 법학자들과 다르다. 이러한 상이점은 봉건제도법의 기원에 대한 설명에서도 나타난다.

즉 르네상스 휴머니스트 법학자들은 중세의 봉건적인 토지소유법이 고대 로마에서 유래하는가, 아니면 게르만법에서 유래하는가에 대해 논쟁을 했고, 이는 비코 당대에도 반복됐다. 비코는, 마치 《12표법》이 그리스에서 유래한다는 주장을 거부하듯이 하나의 제도가 다른 제도에서 유래한다는 주장을 부정하면서도 고대 로마에 유사한 제도가 있음을 인정하고, 그 자율적이고 내부적인 진화를 강조했다.

즉 비코에 의하면 고대 로마나 중세 유럽에서 법의 진화가 평행적으로 달성된다는 것이다. 그것은 단지 이러한 사회기구의 군사적 형태가 영웅시대의 일면에 불과하기 때문이고, 그러한 형태는 인류 역사상 반복되기 때문이다. 즉 법이 창조되거나 전파되는 것이 아니라, 내부적으로 진화한다고 본 점에서 비코의 주장은 독특하고 중요하다.

인간의 시대의 법

비코는 영웅의 시대에는 보편이라는 관념을 생각할 수 없었으므로 특수성에 집착하여 법은 구체적인 상황이나 사실과는 관계없이 그 문구 그대로 적용됐고, 필요한 경우에는 의제를 통해 사실을 법에 맞추었다고 본다.[10] 반면 인간의 시대에는 보편적인 법적 개념의 이해를 통해 법을 사실에 맞추게 된다고 본다.

민주제 국가에서는 인간의 시대의 도래와 함께 의회에서 지성이 발언권을 높이기 시작했다. 그 후 지성이 말하는 추상적이고 보편적인 도리가 '법의 이해 안에 존재하게' 됐다고 여겨지기 시작했다. 이 이해란 그 법에 표현된 입법자의 의도에 대한 것으로서, 결국 공통의 합리적 이익의 이념에 근거한 합의에 도달한 시민들의 의도를 말한다.[11]

비코는 이러한 인간의 시대의 법이 "각 사실들의 특수한 상황에 근거하여 결정되는 것이라고 하는 정의의 관념에 대한 최종적인 진실에 도달"한 것이라고 평가한다.[12] 그러나 동시에 비코는 개인주의의 극단화에 의해 법이 과도하게 자유롭게 적용되어 법 자체가 무의미하게 된다고 비판한다.

그러나 민주제 국가가 타락함에 따라 철학도 타락했다(철학은 회의

주의에 빠져 어리석은 학자들은 진리를 비방하는 데 열중했다). 그 결과 잘못된 웅변이 생겨났다. 이러한 웅변을 사용하는 사람들은 서로 대립하는 세력 중 어느 쪽 입장이든 평등하게 변호할 용의가 있었다. 사람들은 로마의 호민관과 같이 웅변을 악용했다. 시민들은 이제는 부를 사회질서의 기초로 삼는 데만 만족할 수 없게 되어, 그것을 권력의 도구로 삼으려고 동분서주하는 사태가 생겨났다.[13]

또한 비코는 융통성을 장점으로 가진 인간의 시대의 법이 점차 예외를 남발하여 예외마다 이를 다루는 특별법이 생겨나고 법이 비대하게 되면서 법 자체가 모호해진다고 본다.[14] 그러나 비코의 우려는 이에 그치지 않는다.

사람들이 처음에는 복종에서 벗어나 평등해지기를 바랐다. 이로 인해 귀족공화국의 평민들은 마침내 민주공화국으로의 개혁에 성공했다. 이어서 그들은 평등까지 뛰어넘으려고 했기 때문에 민주공화국은 강자의 공화국으로 타락했다. 마지막으로 그들은 법까지 복종시키려고 시도하게 됐다. 이로 인해 무정부상태, 즉 억제를 잃어버린 민주(대중)공화국이 탄생하여 최악의 폭군제로 된다.[15]

비코 법이론에 대한 비판과 평가

정의에 대한 사고가 나라마다 다르게 발전하지 않고 동일하게 발전하며 법의 역사적 체계를 형성하고 합리화한다는 비코의 주장에 대해서는 당연히 의문이 제기될 수 있다. 그러나 그러한 문제점이 있다고 해도 그의 법철학에는 여전히 다음 세 가지의 가치가 인정될 수 있다.

첫째, 법을 향한 '자연적인' 또는 비관습적인 성향 없이, 우리의 삶은 자연적인 야만성의 상태를 초월할 수 없다고 본 점이다. 즉 인간은 그 야만성을 초월하기 위해 자연법을 향한 성향을 갖기 마련이라고 그는 보았다.

둘째, 실정법의 체계를 합법화하기 위해 무엇이 공정하고 정당한가라고 하는 전제 개념에 의존해야 한다는 점이다. 즉 어떤 실정법 체계도 그것이 단순히 입법자에 의해 의도된다고 하는 이유에서만 받아들여질 수 없다고 보았다.

셋째, 실정법의 변화는 공정함과 불편부당함이라는 더욱 더 고도의 기준을 이해하는 한에서만 정당화된다는 점이다. 즉 실정법은 자연법이라고 하는 등대 없이는 언제나 정당성을 갖지 못하는 파탄을 면할 수 없다고 그는 보았다.

07

비 코 에 대 한 평 가

비코에 대한 종합적인 이해

비코를 어떻게 볼 것인가? 1장에서 보았듯이 많은 분야의 다양한 학자들이 비코를 자기주장의 근거로 삼았다. 그들이 본 비코는 모두 옳은가? 아니면 나름대로 비코를 주관적으로 읽어 비코를 오해한 것인가?

텍스트를 받아들이는 방식을 둘러싸고 흔히 제기되는 논란이 비코의 경우에도 자주 제기된다. 즉 그 텍스트를 쓴 저자의 의도만이 절대적이고 그 현대적 해석은 시대착오적이라는 비판이 있는가 하면, 이에 대해 텍스트에 구애되는 것은 너무 협소한 해석이라고 반박하면서 저자조차 깨닫지 못한 의미를 포함하여 다양한 현대적 해석이 가능하고 필요하다고 하는 주장도 있다. 전통적인 학문은 전자에 치중하나, 나는 비코와 함께 후자를 따른다. 그러나 그 어떤 현대적 해석도 근거가 없는 것이어서는 안 되는 것임은 두말할 필요가 없다.

또 하나의 기본적인 논의는 텍스트를 전체로 보아야 하지 부분만을 보아서는 안 된다고 하는 점이다. 그야말로 나무의 한 가지가 아니라 나무 전체를, 나아가 숲 전체를 보아야 한다는 것이다. 또는 맹인이 코끼리 다리를 만지듯이 해서는 안 된다는 것이다. 그러나 오늘의 전문화된 학문은 하나의 텍스트 중에서 미세한 한 부분만을 골라 하나의 책으로 만드는 재주에 능하다. 나는 이런 태도에도 반대한다. 텍스트를 그 전체로 보는 것은 물론 그 텍스트를 쓴 저자의 생애, 그 텍스트가 쓰인 시대나 사회까지 조감해야 한다.

이상 텍스트 수용에 대한 두 가지 관점에서 비코에 대한 몇 가지 평가를 검토해 보자. 우선 비코가 역사의 주인공을 개인이 아니라 민중으로 보았고 특히 역사 발전과정을 민중의 생활방식이나 사고방식의 장기적 변화로 보았다고 하는 점을 강조한 마르크스나 미슐레는 비코가 말한 것의 일부만을 보았다는 혐의가 짙다. 비코는 《새로운 학문》에서 일곱 가지 계(係)를 말했는데,[1] 그들은 그 중 셋째인 '인간의 이념사' 와 다섯째인 "모든 민족의 역사가 시대와 함께 경과는 영원한 이념의 역사'만을 보았고, 다른 특성들인 첫째의 '신적 섭리에 대한 이성적·정치적 신학', 둘째의 '권위의 철학', 넷째의 '원시역사, 특히 그 종교적 관념과 제도의 발생에 대한 철학적 비판', 여섯째의 '여러 민족의 자연법 체계', 일곱째의 '보편적 역사의 시작' 등에 대해서는 모른 척하거나 무시했다.

이렇게 비코를 왜소화시키기는 그의 이탈리아인 후배인 크로체도 마찬가지였다. 그는 비코를 헤겔주의적 '역사주의자'로 규정하고 게다가 철저히 비정치적이었다고 말했다. 20세기 전반기부터 본격적으로 시작된 비코에 대한 평가[2]는 크로체와 그와 관련된 영국의 사학자 로빈 콜링우드에 의해 형성됐다는 점에서 크로체의 비코 연구는 대단히 중요하나, 비판되어야 할 점도 많다.

무엇보다도 크로체는 비코를 19세기의 관점에서 독일 이상주의의 선구자이자 이탈리아의 헤겔로 평가했다. 그는 특히 비코의 《새로운 학문》을 헤겔의 《정신현상학》과 관련시켜 그 두 책을 역사철학의 선구로 평가했다. 그러나 헤겔은 비코를 읽은 적이 없다.[3] 물론 그 점만으로 크로체를 비판할 수는 없겠으나, 도대체 비코와 헤겔은 격 자체가 틀린다고 나는 느낀다.

이러한 크로체의 비코 평가는 프란체스코 데상크티스(1817~1883)에 의한 비코 평가에 근거했다. 데상크티스는 비코를 르네상스기 신플라톤주의자들인 피치노나 미란돌라의 계승자로 보았고, 그 때문에 비코가 당대에 소외됐다고 설명했다. 이탈리아 헤겔주의자인 조반니 젠틸레(1875~1944)도 마찬가지로 평가했다. 생존시에는 반동적으로 평가되기도 한 비코는 이러한 견해에 의해 19세기 역사철학의 선구자라는 혁명성을 띠게 됐다.

크로체가 말한 역사주의란 하나의 역사적 사건은 유일무이하고 일반적인 법칙에 따르지 않으며, 따라서 하나의 사건을 다른 사건과 비교할 수도 없고, 각 시대는 고유한 관념과 원리(헤겔이 말하는 '시대정신')에 근거하므로, 다른 것을 일체 고려하지 않고 해석되어야 한다는 것이다.

이런 주장은 19세기에 성행한 실증주의에 대한 반발에서 나왔다. 인간과 사회를 자연과학적으로 연구한다는 실증주의자들의 사회학이나 심리학에 대해 딜타이나 빈델반트(1848~1915)는 인문과학(그는 정신과학이라고 한다)과 자연과학의 방법은 완전히 다르다고 비판했다. 왜냐하면 인문과학자는 자연과학자처럼 외면에서 설명하지 않고, 도리어 감정이입에 의해 내면에서 정신과 문화를 이해한다고 보기 때문이다.

크로체는 이러한 사고가 비코가 데카르트의 기계론적 철학에 반발하여 진리는 만들어진 것이라고 말한 것과 같은 의미를 갖는 것이라고 주장했다. 따라서 크로체는 비코를 사실 반역사주의적 입장에서 본 셈이었다. 이러한 크로체는 미슐레와 마찬가지로 비코의《새로운 학문》의 다른 특성인 비교나 보편화 및 체계화에 대한 관심을 무시한 것이었다. 그런데 바로 그런 특성이야말로 실증주의자들이 비코로부터 자신들의 근거로 삼은 것들이었다.

이처럼 역사주의자는 비코의 내면적 이해, 실증주의자는 비코의 사회발전법칙의 강조를 각각 강조하며 비코를 자기편으로 끌어당겼다. 이는 그야말로 아전인수일 뿐 아니라, 비코가 갖는 그 종합성을 다시 분리하는 어리석은 짓이었다.

20세기에 와서도 비코에 대한 여러 학자의 관심은 비코의 일부를 각각 강조한 것이었다. 가령 미개인에 대한 비코의 관심은 레비스트로스의 인류학에, 유아의 언어와 사고에 대한 비코의 관심은 피아제의 발달심리학에, 지력과 사고방식에 대한 비코의 관심은 사회인류학과 사회사에서 각각 중시됐으니 여전히 부분적인 이해에 머물러 있다. 따라서 비코에 대한 정확한 이해, 즉 나무가 아닌 숲 전체를 볼 수 있는 시야가 여전히 과제로 남아 있다.

비코와 마르크스주의

마르크스는 《자본론》 1권 13장 1절의 주에서 비코에 대해 언급했다. 당시 이탈리아를 제외한 유럽에서는 거의 알려지지 않았던 비코에 대해 마르크스가 언급한 것이 그 후 마르크스에 대해 비코가 끼친 영향을 둘러싸고 엄청난 논쟁을 야기했다. 가령 마르크스가 주장한 역사발전의 객관법칙이 비코에서 비롯된다는 것이었다는 주장이 나왔다. 특히 비코가 모든 민족이 나타났다가 사라지는 (단 히브리는 예외이나) '영원한 이념사'를 주장한 것은, 발전해 가는 모든 사회가 밟는 진화법칙에 대한 마르크스 이론의 원형으로 해석됐다.

또한 비코가 인간사에는 신의 뜻이 개입한다고 본 것은 헤겔이 말한 '이성의 교지(狡智)'의 종교판, 나아가 마르크스가 말한 인간의 의지에 반해 작용하는 역사의 추진력으로 이해됐다. 또한 비코는 관념을 생산양식 속에 구체화된 물질적인 힘에 부수하는 현상이라고 본 마르크스의 선구자로도 이해됐다. 나아가 비코의 역사적 계급투쟁에 대한 감수성, 역사상의 개별 시대를 일관성

있는 통합된 전체로 본 관점, 사회계약설의 개인주의적 관점에 대한 비판, 호메로스의 서사시 등 문화산물이 집단적 창작이라는 주장, 인간의 본질은 다양한 사회관계의 총체라고 본 관점도 마르크스와 유사하다고 지적됐다.

그러나 마르크스 자신이 비코에 대해 말한 점은, 데카르트가 자연과학적 지식을 인문과학적 지식보다 우월하다고 본 것에 대한 비코의 비판이었다. 앞에서 말했듯이 비코는 문화를 만드는 것은 인간이므로 인간은 상상력에 의한 재구성을 통해 스스로 만든 것을 신이나 자연에 의해 만들어진 것보다 더욱 잘 알 수 있다고 했다. 따라서 문화는 내부에서 알 수 있으나 자연은 외부에서만 알 수 있다는 것이다. 이는 '진리는 만들어진 것' 이라는 비코의 명제로 집약된다. 이러한 비코의 명제는 역사에 대한 지식에 대한 마르크스주의의 인식과 일치한다. 즉 비코는 역사가 신의 뜻에 의해 설정된다고 보았으나, 그 목표를 달성하기 위한 직접적 계기는 인간이라고 주장한 점이 마르크스주의와 일치했다.

이러한 비코의 주장은 특히 루카치, 그람시, 알튀세, 호르크하이머 등의 프랑크푸르트학파에게 중요시됐다. 그들은 프롤레타리아는 비코가 말하는 인간, 즉 역사를 만들기 때문에 역사를 이해할 수 있는 인간적 주체로 생각했다. 그들은 방관적이지도, 수동적이지도 않고 그들의 지식은 참된 역사의 창조자이자 참가자의 것이 되고, 그 결과 이론과 실천은 통일된다는 것이었다. 이처럼 20세기 마르크스주의자들에게 비코는 '인간의 본성의 역사성에 관한 획기적인 발견자’로 추앙됐다.

비코에 대한 20세기 학자들의 평가

위에서 설명한 마르크스주의자를 제외한, 비코에 대한 20세기의 연구 중 우리나라에서 자주 회자되는 책으로는 영국의 콜링우드가 쓴 《역사학의 이상(The Idea of History)》[4](1946), 독일의 칼 뢰비트(1897~)가 쓴 《역사의 의미》[5](1949)와 영국의 이사야 벌린이 쓴 《비코와 헤르더》를 들 수 있다.[6]

콜링우드는 일찍이 크로체에 공감하고, 크로체의 비코론을 번역하기도 했으나,[7] 그의 사상 자체는 영국 경험주의와 칸트 이후의 관념론을 종합한 것이었고, 비코는 물론 크로체와 직접 관련되는 것은 거의 없다. 또한 역사학의 역사를 다루는 위 책에서 비코는 아주 작게 다루어질 뿐이다.

뢰비트는 《역사의 의미》에서 12명의 역사가를 차례로 다루었는데 그중 한 장을 비코에 할애했으므로 콜링우드 책보다는 상세하나, 벌린의 책에 비해서는 그다지 본격적인 논의라고는 할 수 없다. 뢰비트는 비코의 신학적 성격을 강조하여 비코의 섭리론을 종교적인 의미로 받아들였다.[8] 나는 이러한 입장에 찬성하지 않는다. 우리나라에는 뢰비트가 많이 소개되어 있는데 나로서는 의아하게 생각된다. 다른 나라에서는 그의 주장이 그다지 널리 알려져 있지 않기 때문이다.

그러나 벌린은 비코를 더욱 본격적으로 다루었을 뿐만 아니라

나의 관점과 기본적으로 일치하는 면이 있으므로 좀 더 상세히 검토할 필요가 있다. 벌린은 헤겔이나 19세기 이상주의와 비코를 연관짓지 않고 18세기 독일 반계몽주의자인 요한 고트프리트 폰 헤르더(1744~1803)와 연관지었고 나아가 요한 게오르크 하만(1730~1788)과 더욱 긴밀하게 연관지었다. 특히 하만이 '순수' 이성이라는 사고와 자연적 종교를 발견하려는 시도에 근거하여 부정할 수 없는 합리적 이성이 존재한다는 것을 공격한 점을 벌린은 비코에서도 찾았다. 따라서 벌린은 비코가 계몽주의에 반대하는 학파의 중심이었다고 보았다.

하만이 비코를 알았고 그에 대해 설명하는 편지를 헤르더에게 보냈음은 벌린이 밝히듯이 사실이나, 하만 역시 비코를 제대로 이해하지 못했다.[9] 헤르더는 그 20년 후 비코를 읽고 〈인간성의 증진에 대한 편지(Briefe zur Beförderung der Humanität)〉(1797)에서 비코를 언급했다. 당시의 계몽주의자들은 오직 하나의 보편적인 문명만이 존재하고 다양한 민족은 그들의 발전의 정상에서 그런 문명을 표상한다고 보았으나, 헤르더와 함께 비코는 그것에 반대했다. 즉 비코는 각 민족은 제각각 독자적으로 발전해나간다고 보았고, 그가 말하는 이상의 영원한 역사의 사이클 속에서 고유한 언어, 관습, 법을 갖는다고 주장했다.

프랑스 계몽주의자들은 비코를 나폴리 법률가들의 전통 속에서 이해했을 뿐, 그의 역사나 지식에 대한 견해를 몰랐다. 벌린은 비코의 천재성이 역사철학에 있지 않고, 계몽주의적 이상에 반대하는 그의 지식개념에 있다고 주장했다. 계몽주의적 이상의 핵심에는 불변하고 영원한 진리와 법과 인간의 행동규칙이 존재한다는 원리가 존재했다. 이 원리에 따르면 인간이라면 누구나 어느 시대, 어느 장소에서도 단일한 인류의 목표를 인식하고 그 목표를 추구해 간다고 본다. 이에 반해 비코는 지식과 법은 특정한 시대의 특정한 조건 하에서 만들어지며, 상상, 이성, 권위의 조합을 통해 발전한다고 보았다. 비코는 계몽주의의 정태적 인간본성의 관념을 부정했다. 그는 인간의 사고며 느낌이며 행동의 양식은 새로운 필요화 활동에 부응해서 변화하며 변화를 통해 새로운 제도와 완전히 새로운 문명을 형성한다고 보았다.

그러나 이 같은 벌린의 주장에는 많은 문제가 있다. 가령 벌린이 언급하는 프랑스 계몽주의자들에 속하는 몽테스키외가 도리어 비코를 추종했다. 비코는 벌린식의 다원주의보다는 계몽주의의 보편주의에 가까운데도, 벌린은 이를 무시하고 있다. 말하자면 자기 눈으로 비코를 왜소화한 점에서 벌린은 크로체와 다를 것이 없다.

따라서 나는 이탈리아의 철학과 르네상스에 관한 권위있는 역사가인 에우제니오 가린(1909~)이 비코를 그 당대의 흐름에서 벗어난 사람도 아니고, 신플라톤주의 르네상스의 모방자이거나 반계몽주의자도 아니며, 도리어 18세기의 거대한 논의의 중심에 있다고 보았다는 견해에 동의한다. 그 논의란 학문이라는 거대한 나무의 조직, 즉 그런 종합적 학문을 상징하는 백과사전이라고 하는 새로운 학문 시스템의 구축, 특히 자연의 탐구와 인간의 탐구 사이의 관련을 연구할 필요성에 대한 것이었다.

가린에 의하면 비코의 목적은 '새로운 학문' 즉 지식의 새로운 근거를 발견하는 것이었다. 비코는 진리창조설을 통해 데카르트가 물리학과 수학 사이에 구축한 연결을 파괴하고자 희망했다. 비코는 수학을 포함한 모든 지식이 '만들어진' 것이고, 물리학의 진정한 의미가 실험적 물리학에 있다고 보았다. 나아가 인간의 과학도 만들어진 것에 대한 학문이다. 즉 인간의 제도는 스스로 만들어낸 것이므로 원칙적으로 인간이 그 고유한 구조를 파악하는 건전한 지식을 방해하는 것이 있을 수 없고, 따라서 인간의 과학은 완전히 가능하다고 비코는 보았다는 것이다.[10]

이러한 가린의 지적과 함께 나는 철학자이자 르네상스 연구가인 에르네스토 그라시(1902~1991)가 비코의 수사학과 특수 철학(데카르트의 비판 철학에 대립하는)을 강조한 점에 주목해야 한다고 본다. 비코는 데카르트가 《방법서설》에서 인문과학을 제외하고 모든 지식에는 하나의 합리적인 방법만이 있다고 주장한 것을 비판했다. 즉 데카르트는 비판방법(ars critica)이라는 개념에 근거하여 근대철학을 수립했고, 고전적으로 토픽방법(ars topica)에 속하는 모든 참된 지식을 제외했다. 그리하여 데카르트는 아리스토텔레스 이래 의견, 상호 감각, 개연성으로부터 전개되는 것으로 이해된 모든 이론화를 제거했다. 르네상스기에 토픽방법은 시, 수사, 기억술, 비유, 위트, 그리고 정치와 인간행동, 미학, 법을 위해 필요하다고 생각된 모든 형태와 결합된 것이었다.

그라시는 비코를 르네상스 휴머니즘을 종합한 인물로 보았으나, 결코 신플라톤주의를 계승했다거나 시, 수사, 르네상스 철학 사이의 관련에 근거한 형이상학과 과도하게 관련짓지는 않았다. 도리어 그라시는 비코를 헤겔이나 헤르더가 아니라 도리어 하이데거와 관련지었다. 즉 그는 비코의 시적 지혜라는 개념과 하이데거의 시의 개념을 관련지었다. 또한 하이데거의 '빛' 과 비코의 '천둥' 을 연관지었다. 그러나 하이데거는 비코와 달리 휴머니즘을 공격하기 위해 그런 개념을 사용한 점을 그라시는 간과했다는 점에서 나는 그라시의 주장에 찬동할 수 없다.

그라시는 비코를 계몽주의적 이상만이 아니라 20세기의 기술 사회와 합리주의 철학에 반대한 인물로 간주했다. 즉 비코를 한편으로는 인간사회와 그 관련 제도의 형성을 위해 필요한 수사와 언어 감각, 그리고 다른 한편으로는 존재, 그리고 사상과 이성에 의존하는 세계의 철학적 감각 사이의 연결을 재활성화하는 근거로 보았다.[11] 그러나 그런 막연한 근거 추정 만으로서는 비코를 정확하게 이해했다고 보기는 어렵다.

벌린의 비코관

라트비아 출신으로 영국에 이주한 철학자이자 사상사가인 벌린은 우리나라에 그다지 알려진 사람이 아니다. 그의 저술은 마르크스 전기와 비코 및 헤르더에 대한 연구서 외에 국내에 번역된 것이 없으나 그는 일관된 다원주의의 옹호자로서 유명하다. 다원주의란 사물이 제각각 진정한 가치를 지니고 있고 세상에 존재하는 복수의 가치들이 궁극적으로 조화될 수 없다고 보는 견해이다. 다원주의에서는 사람들이 각자 서로 대립하는 가치 중에서 취사선택하거나 우선순위를 매기는 방식을 통해 인간의 도덕적 책임과 주체성을 찾을 수 있다고 보고, 다양한 사람들이 각각 선택한 가치를 추구할 수 있도록, 즉 다양한 삶을 살 수 있도록 정치와 사회 제도가 조직되어야 한다고 주장한다.

이러한 다원주의는 합리주의, 특히 진리일원론, 즉 영원불변의 단 하나의 형이상학적 진리가 존재한다는 생각에 반대하는 점에서 볼 때 비코에서 기원을 찾을 수 있다. 벌린은 여러 가치가 객관적으로 존재한다고 보지만, 그것은 영원불변의 진리로 존재하는 것도 아니고, 또한 개인의 주관적인 판단에 따라 달라지는 것도 아니며, 인류 공통의 역사적 경험이 그러한 다양성을 가능하게 한다고 본다. 나아가 벌린은 진리일원론에서 비롯된 '완전한 사회' 에 대한 이상도 거부한다. 즉 진리의 발견에 의해 문제를 궁극적으로 해결하고 여러 가치가 조화되는 세계를 만든다고 하는 이상을 거부한다. 그러한 이상은 가치 선택을 불가능하게 하는 목표를 설정하는 것이고, 이에 따라 가치의 선택이라고 하는 도덕적 책임을 면제하여 개인의 다양한 삶을 배제한다고 벌린은 주장한다.

또한 다원주의는 상대주의에 반대한다. 상대주의도 합리주의에 반대하여 다양성을 존중하는 것처럼 보이지만 이는 가장에 불과하다. 왜냐하면 판단의 진위를 결정하는 객관을 부정하고 자신의 전통과 문화에 완전히 구속된 가치관에 입각하여 타인이나 타문화에 무관심하기 때문이다. 이에 반해 다원주의는 상상력에 의해 자신과 자문화의 틀을 넘어 타인과 타문화에 공감하여 다양성을 존중한다.

이러한 다원주의를 주장하는 벌린은 그 사상의 원류를 비코로부터 찾는다. 벌린은 비코의 사상을 다음 일곱 가지로 요약한다. 첫째, 서양의 전통적인 사고에서는 인간 본성을 정태적으로 보지만, 사실은 동태적이고 그 동일성을 유지하는 본질을 갖지 않는다. 둘째, 인간은 스스로 역사를 만들기에 그것을 이해할 수 있다. 셋째, 역사와 같은 인문학은 자기 이해를 추구하나, 자연과학은 외부세계에 대한 관찰에 머문다. 넷째, 특정 사회 내의 행동이나 문화는 포괄적인 패턴에 의해 특징을 갖는다. 이상 넷은 비코의 출발점이다.

다섯째, 법, 제도, 종교, 예술, 언어, 행동 등 인간이 만들어낸 모든 것들은 다른 사람을 지배하거나 사회의 안전을 도모하기 위해 고안된 수단이 아니다. 그것은 자기를 표현하고 타인이나 신과 소통하는 자연스러운 형식이다. 전통적인 사고에 의하면 신화나 우화, 제식과 유물은 어리석은 원시인의 환상이나 교활한 군주의 기만술로 여겨졌으나, 비코는 이를 부정하고 원시인들의 세계관을 반영한 것으로 본다. 비코는 원시인들의 역사를 이해하기 위해서는 그들이 어떻게 살아갔는지를 먼저 이해해야 한다고 주장한다. 비코의 《새로운 학문》은 이러한 탐구의 열쇠를 제공하고자 한 것이다.

여섯째, 예술작품을 올바로 이해하기 위해서는 모든 곳의 모든 사람에게 적용되는 원리와 기준이 아니라, 그것이 탄생한 시기의 시공간과 사회발전단계에서 특유하게 사용된 상징들의 목적 및 특수한 용법이 정확하게 이해되어야 한다. 이러한 인식만이 다른 문화의 신비를 풀 수 있게 한다. 여기서 비코는 문화사, 인류학, 사회학, 법학, 언어학, 민족학, 종교, 문학, 예술사, 사상사, 제도사, 문명사 등의 출발점을 제공한다. 특히 오늘의 인문사회과학은 모두 역사학적인 또는 발생론적 관점에서 잉태됐다는 점에서 볼 때 비코에서 비롯되었다고도 할 수 있다.

일곱째, 비코는 전통적인 지식에 새로운 범주인 감각지각이 제공하는 경험적인 지식, 그리고 계시에 의해 보증되는 선험적이고 연역적인 지식 외에, '재구성적 상상력'이라고 하는 지식범주를 새로 등장시킨다. 이러한 지식은 상상력을 통해 다른 문화의 정신생활에로, 다른 문화의 전망들과 생활방식들에로 침투함으로써 얻어질 수 있다. 여기서 말하는 상상력이란 사회의 변화와 성장 과정을, 이와 병행하는 상징의 변화나 발전에 연결해 파악하는 능력이며, 상징을 통해 그 사회의 발전을 추적하는 능력이다.

벌린은 위의 일곱 가지 하나하나가 사상사의 거대한 진전이고 그 하나로도 철학자의 운명을 좌우할 수 있는 것으로 높이 평가한다. 후대의 학자들에 의해 비코는 여러 갈래로 해석됐듯이 벌린은 자신의 다원주의에 입각하여 나름의 해석을 한다. 적어도 일곱 번째의 '재구성적 상상력'이라고 하는 벌린의 지적이 과연 비코에게 있었는지에 대해서는 의문이 제기되기도 하나, 나머지, 특히 다섯 번째와 여섯 번째의 지적은 이미 비코에 대한 평가로서 통설이 되어 있다.

포스트모더니즘과 비코

포스트모더니즘이란 말이 유행하고 있다. 포스트모더니즘에서는 서양의 르네상스부터 지금까지 지배한 이성에 입각한 계몽주의가 현대사회의 위기를 초래했다고 본다. 포스트모더니즘이란 여러 가지 의미로 사용되기도 하지만, 여기서는 모더니즘, 즉 현대와 다른 그 '이후' 또는 그 '반대'를 뜻하는 개념으로 사용한다. 모더니즘에서 말하는 현대란 근대를 포함하는 시대구분의 단위로 볼 수 있다. 즉 고대와 중세에 대응되는 개념이다. 이러한 포스트모더니즘과 함께 현대사회에 대한 대안으로서 서양의 고대나 중세, 나아가 비서양, 특히 동양이나 한국의 전통 사상을 내세우는 주장까지 우리 주변에는 유행하고 있다.

나는 그러한 현대사회에 대한 의문이 제기되기 시작한 1970년대에 대학에 들어가 지금까지 우리의 전통문화와 현실의 '근대화' 독재체제에 대한 비판적 시각을 갖고, 일리히, 푸코, 사이드, 모리스 등에 대한 공부를 했다. 그리고 결국 어떤 전위적인 또는 전통적인 사상이라고 해도 우리가 '근대화'를 앞세운 독재체제에 대한 극복을 위해 믿은 자유와 자치 그리고 자연에 대한 보편적 가치를 부정하는 사상은 인정할 수 없다는 결론을 내렸다. 그래서 나는 포스트모더니즘에도 동양사상에도 한국사상에도 여전히 거리감을 갖고, 여전히 이성에 입각한 계몽주의에서 벗어나지 못하고 있다.

그러다가 현대문화의 '처음'인 르네상스에 대한 관심을 갖게 됐고, 그것을 '다양성 속의 보편성'을 확립하려는 노력으로 재인식하게 됐다. 그러나 현재 우리 사회에 자유와 자치 그리고 자연에 대한 보편적 가치를 추구한 르네상스에 대한 제대로 된 이해가 부족하여 르네상스에 의해 태동된 현대문화에 대한 섣부른 포스트모더니즘적 비판이 유행하고 있다는 결론에 이르렀다. 따라서 나는 르네상스에 대한 정확한 이해와 그 전통을 잇는 '다양성 속의 보편성'을 추구하는 노력이야말로 현대문화의 '처음'을 찾는 작업이라고 믿고 그러한 노력을 계속해 왔다.

르네상스 이후 왜곡된 현대문화에 대한 이의제기는 포스트모더니즘 이전에도 수없이 나타났다. 그 중 가장 중요한 사람이 르네상스의 전통을 잇는 18세기 이탈리아 사상가 비코였다. 데카르트는 역사를 비롯한 인문과학이란 여행처럼 여흥거리에 불과하고 하찮은 정보를 얻는 것에 불과하다고 보았으나, 비코는 기하학이 스스로의 원칙 위에서 하나의 학문을 구축하고 발전해가는 것처럼 인문학은 인간행위의 질서를 찾아내어 각 민족의 창조에 관련된 사실을 밝혀내며 이러한 과정은 신에게 인식과 창조가 같은 것처럼 이러한 인식과정을 통해 신이 누리는 즐거움을 맛볼 수 있다고 강조했다.[12]

그런 입장에서 비코는 당대의 주류였던 자연법론, 사회계약론, 공리주의, 개인주의, 유물론, 이성주의 등을 모두 부정했다. 즉 그들이 오류에 빠진 것은 체계적으로 변화하며 발전하는 인간적 전망과 동기의 영속성, 그리고 그 전망과 동기가 다시 인간 본성의 변화하는 요구에 의해 반복적으로 지배됨을 이해하지 못했기 때문으로 보았다. 그는 불변적이고 선험적인 인간 본성의 존재를 인정한 아리스토텔레스 이래의 서구 정신을 통째로 부정했다. 이러한 서구 정신이 20세기까지 이어져 온 것을 생각하면 비코는 여전히 현대 서양 문화에 대한 비판가로 생명력을 갖는다고 할 수 있다.

그리고 비코는 마르크스나 벌린이 말한 대로 인류가 이제껏 걸어왔고 앞으로도 걸어갈 일련의 발전단계에서 각 단계에는 그 나름의 개성과 필연성 특히 정당성이 존재한다는 것, 각 민족은 스스로의 내적 성장법칙에 따라 발전하되 외적 요인의 영향을 받아 변한다는 것, 기계적 인과관계에 귀속되지 않는 비물질적 영혼이 있다는 것, 외부세계를 인식하는 것과는 전혀 달리 우월한 의미에서 인간은 인간 자신과 자신이 행하는 일들을 모두 이해할 수 있다는 것을 믿었다는 점에서 여전히 우리 시대에도 의미를 갖는다.[13]

주석

1장 권위를 거부한 지식인

1) 이원두 역,《새로운 학문》, 동문선, 1997, 533쪽 [1106]. 이 책에서 인용할 때는 간단히 《새로운 학문》으로 표시하고, 원문의 문단번호를 [ ]에 넣었다. 필자가 이 책에서 인용한 글은 이원두 역의 번역문을 그대로 옮기지는 않았다. 그 이유는 이원두의 번역서가 이탈리아어 원저를 번역한 것이 아니라, 일어 번역본을 중역했기 때문이다. 필자는 이탈리아 원저를 기본으로 하고 다른 외국어 번역서를 참조하며 새로운 번역을 시도하지 않을 수 없었다. 이 책의 번역과 관련해 가장 먼저 지적해야 할 문제점은 책의 제목을 《새로운 학문》《새로운 과학》《신과학》 등 학계에서조차 통일된 제목으로 부르고 있지 못하다는 점이다. 《신과학》은 일본식 제목이고 《새로운 과학》이라고 하기에는, '과학' 이라는 말이 일반적으로 자연과학으로 오해받기 쉽기 때문에 이 책에서는 《새로운 학문》으로 했다.

2) Edward Said, *Beginnings; Intention and Method* (Columbia Univ Pr, 1975).

3) Edward Said, *The World, the Text, and the Critic* (Cambridge, Mass.: Harvard University Press, 1983).

4) Edward Said, *Representation of the Intellectual*, The 1993 Reith Lectures (London: Vintage, 1994). 전신욱, 서봉섭 역,《권력과 지성인》(창, 1996).

5) 다니엘 바렌보임, 에드워드 W. 사이드,《평행과 역설》, 장영준 역(생각의나무, 2003), 145-146쪽.

6) Said, *Representation of the Intellectual*, p. 45. 이 부분은 번역서(《권력과 지성인》, 111-112쪽)에서 인용하지 않았다. 번역서에서 이 부분의 번역이 잘못됐기 때문이다. 번역서에는 비코의 위대한 발견이 "사람은 언제나 극도의 비참한 환경에 처할 수 있다는 것" 이고, "당신은 인류 사회의 기원이라는 관점에서 권력의 최상의 위대함을 보고, 인류의 시작으로부터 권력이 아마도 선두에 서게 된 것으로 볼 수 있다" 는 식으로 잘못 번역돼 있다.

7) Said, *The World, the Text, and the Critic*, p. 2.

8) 위의 책, p. 25.

9) 《새로운 학문》, 534-535쪽 [1108].

10) 《새로운 학문》, 119쪽 [314].

11) 《새로운 학문》, 128쪽 [338].

12) 《새로운 학문》, 90쪽 [167].

13) 《새로운 학문》, 117-118쪽 [104].

14) 《새로운 학문》, 178-180쪽 [433].

15) 《새로운 학문》, 155-157쪽 [386]-[390].

16) 이사야 벌린 《비코와 헤르더》, 이종호, 강성호 역(민음사, 1997). 이하 이 책은 벌린, 《비코와 헤르더》로 인용함.

17) S. M McMerrin, 최희봉 역, '비코', 이광래 편저, 《이탈리아 철학》(지성의샘, 1996) 49쪽.

18) 《새로운 학문》, 570-571쪽.

2장 생애

1) Giambattista Vico, "Opere," A Cura di Fausto Nicolini, Riccardo Riccardi Editore, Milano, Napoli, 1953 (La Letteratura Italiana: Storia e Testi Volume 43) 중의 "Autobiografia" (pp. 3-93)를 비롯하여 많은 판이 있다.

2) 영어판은 *The Autobiography of Giambattisa Vico*, translated by Max Harold Fish and Thomas Goddard Bergen, (Cornell University Press, 1944, repr., 1975). 프랑스어판은 1837년 미슐레가 번역한 것과 1943년 J. Chaix-Ruy가 번역한 고전적인 것들이 있으나 지극히 방자한 번역으로 유명하고, 1981년 Alain Pons가 번역한 것이 보다 정확하나 원저의 번역이라기보다는 영역판의 번역이라는 점에서 문제가 있다. 독일어판은 V. Rüfner가 번역한 것이 있는데, 프랑스어 번역보다는 정확하다. 마지막으로 이 책에서 인용한 일본어역본은 1990년 일본 법정대학출판국에서 나온 것이다. 이하 이 책은 《자서전》으로 인용한다.

3) 비코 《자서전》에 대한 연구로는 Donald Phillip Verene, *The New Art of Autobiography: An Essay on the "Life of Giambattista Vico Written by Himself,"* (Oxford, 1991) 참조.

4) 등장인물의 말을 인용부호 없이 지문 그대로 살려 독자가 등장인물과 일체가
   되어 동화하도록 하는 화법. 묘출화법 · 위장화법 · 체험화법이라고도 한다.

5) 그리스와 이집트 사이의 동 지중해 지역.

6) 크리스토프 듀건, 《미완의 통일 이탈리아사》, 김정하 역(개마고원, 2001), 31쪽.

7) 위의 책, 112쪽 재인용.

8) 허인, 《이탈리아사》, 대한교과서주식회사, 1991, 158쪽.

9) 《자서전》 50쪽에서는 1670년이라고 하나 비코의 오류이다.

10) 《자서전》, 50쪽.

11) 《자서전》, 50쪽.

12) 《자서전》, 51쪽.

13) 《자서전》, 52쪽.

14) 《자서전》, 53쪽.

15) 《자서전》, 52쪽.

16) 《자서전》, 57쪽에서는 16세라고 쓴다.

17) 《자서전》, 55쪽.

18) 《자서전》, 60쪽.

19) 《자서전》, 84쪽.

20) 《자서전》, 316쪽.

21) 《자서전》, 316쪽.

22) Orationes I-VI, 영역본은 G. A. Pinton 역, *On Humanistic Education:Six
    Inaugural Orations, 1699-1707*, (Ithaca, NY: Cornell University Press, 1993). 《자
    서전》, 89-96쪽에는 각 연설의 요약이 소개된다.

23) 《자서전》, 89-90쪽.

24) 《자서전》, 91쪽.

25) 《자서전》, 85쪽.

26) 《자서전》, 89쪽.

27) 《자서전》, 87쪽.

28) 《자서전》, 98쪽.

29) 《새로운 학문》, 89쪽 [161].

30) Giambattista Vico, *De antiquissima Italorum sapientia ex linguae latinae*

originibus eruenda.

31) 이원두 역,《이탈리아인 태고의 지혜》, 동문선, 1996, 24쪽. 이하 이 책은《이탈리아인 태고의 지혜》로 인용함.

32)《이탈리아인 태고의 지혜》, 17쪽. 단 번역은 저자에 의함.

33)《이탈리아인 태고의 지혜》, 18쪽. 단 번역은 저자에 의함.

34)《이탈리아인 태고의 지혜》, 26-27쪽.

35) 'De aequilibrio corporis animantis'.

36) *De rebus gestis Antonii Caraphaei.*

37)《자서전》, 108쪽.

38)《자서전》, 109쪽.

39) 보통법(common law)은 법원의 판결에 기초한 관습법 체계를 가리킨다. 대륙법과 구분하는 뜻에서 영미법(anglo-american law)이라고도 부른다.

40) Il diritto universale.

41)《새로운 학문》 제1판 [261].

42)《새로운 학문》, 128쪽 [338].

43)《새로운 학문》, 30쪽 [34].

44) 〈De Mente Heroica Oratio habita〉

45) 제2, 제3판의 책이름은 각각 초판의 그것과 약간 다르다. 즉 제2판은《여러 민족에 공통된 자연적 본성에 대한 하나의 새로운 학문의 여러 원칙, *Cinque libri de' principj d'una scienza nuovo d'intorno alla comune natura delle nazioni*》전 5권, 제3판은《여러 민족에 공통된 자연적 본성에 대한 하나의 새로운 학문의 여러 원칙*Principj d'una scienza nuovo d'intorno alla comune natura delle nazioni*》이다.

46)《새로운 학문》, 5쪽.

47)《새로운 학문》, 77-79쪽.

48)《새로운 학문》, 525쪽.

3장 새로운 학문의 기초

1)《새로운 학문》, 83쪽 [133].

2) 이는 제3판에서 처음 등장한다.

3) 《새로운 학문》, 35쪽 [42].

4) 《새로운 학문》, 9쪽 [2].

5) 《새로운 학문》, 11쪽 [5].

6) 《새로운 학문》, 9-10쪽 [2].

7) 《새로운 학문》, 10-11쪽 [3].

8) 《새로운 학문》, 13쪽 [7].

9) 《새로운 학문》, 15-17쪽 [11]-[14].

10) 《새로운 학문》, 16쪽 [13].

11) 《새로운 학문》, 20-22쪽 [18]-[23].

12) 《새로운 학문》, 22-28쪽 [25]-[31].

13) 《새로운 학문》, 28쪽 [31].

14) 《새로운 학문》, 28-29쪽 [32].

15) 《새로운 학문》, 30쪽 [34].

16) 《새로운 학문》, 31-33쪽 [37]-[39].

17) 《새로운 학문》, 45쪽 [52].

18) 《새로운 학문》, 46-75쪽 [54]-[117].

19) 《새로운 학문》, 44쪽 [51], 46쪽 [53]-[54].

20) 《새로운 학문》, 44쪽 [51].

21) 《새로운 학문》, 77쪽 연표.

22) 《새로운 학문》, 45쪽 [52], 51쪽 [66], 59쪽 [84], 61쪽 [89], 68-74쪽 [102]-[115].

23) 《새로운 학문》, 42쪽 [48], 43쪽 [50], 59쪽 [83].

24) 《새로운 학문》, 44쪽 [50].

25) 《새로운 학문》, 527쪽 [1097].

26) 《새로운 학문》, 528쪽 [1098].

27) 《새로운 학문》, 534쪽 [1108].

28) 《새로운 학문》, 535쪽 [1108].

29) 《새로운 학문》, 533쪽 [1106].

30) 《새로운 학문》, 535쪽 [1108].

31) 《새로운 학문》, 536쪽 [1111].

32) 《새로운 학문》, 76쪽 [118].

33) 《새로운 학문》, 80쪽 [122].

34) 《새로운 학문》, 46쪽 [53].

35) 《새로운 학문》, 81쪽 [125]-[126].

36) 《새로운 학문》, 81쪽 [126].

37) 《새로운 학문》, 48쪽 [59].

38) 《새로운 학문》, 81쪽 [127]-[128].

39) 《새로운 학문》, 82쪽 [129].

40) 《새로운 학문》, 82쪽 [130].

41) 《새로운 학문》, 82쪽 [132].

42) 《새로운 학문》, 83쪽 [133].

43) 《새로운 학문》, 83쪽 [134].

44) 《새로운 학문》, 83쪽 [136].

45) 《새로운 학문》, 84쪽 [141].

46) 《새로운 학문》, 84-85쪽 [145].

47) 《새로운 학문》, 85쪽 [146].

48) 《새로운 학문》, 83쪽 [137].

49) 《새로운 학문》, 84쪽 [140].

50) 《새로운 학문》, 83쪽 [138].

51) 《새로운 학문》, 12쪽 [7].

52) 《새로운 학문》, 82쪽 [129].

53) 《새로운 학문》, 82쪽 [130].

54) 《새로운 학문》, 83쪽 [138].

55) 《새로운 학문》, 12쪽 [7].

56) 《새로운 학문》, 84쪽 [139].

57) 《새로운 학문》, 12쪽 [7], 158쪽 [392].

58) 《새로운 학문》, 12쪽 [7].

59) 《새로운 학문》, 128쪽 [338].

60) 《새로운 학문》, 30쪽 [34].

61) 《새로운 학문》, 155쪽 [385].

62) 《새로운 학문》, 148-149쪽 [375].

63) 《새로운 학문》, 94쪽 [185].

64) 《새로운 학문》, 155쪽 [386].

65) 《새로운 학문》, 155-156쪽 [387].

66) 《새로운 학문》, 156쪽 [388].

67) 《새로운 학문》, 156쪽 [389].

68) 《새로운 학문》, 158-159쪽 [394]-[397].

69) 《새로운 학문》, 125쪽 [334].

70) 《새로운 학문》, 149쪽 [375].

71) 《새로운 학문》, 520쪽 [1091].

72) 《새로운 학문》, 173쪽 [423].

73) 《새로운 학문》, 45쪽 [52].

74) 《새로운 학문》, 84쪽 [142].

75) 《새로운 학문》, 84쪽 [144].

76) 《새로운 학문》, 123-124쪽 [331].

77) 《새로운 학문》, 149쪽 [375].

78) 《새로운 학문》, 150쪽 [377].

79) 《새로운 학문》, 151쪽 [379].

80) 《새로운 학문》, 432쪽 [933].

81) 《새로운 학문》, 96쪽 [200], 152쪽 [380].

82) 《새로운 학문》, 85쪽 [145].

83) 번역문을 그대로 읽으면 '이 사회' 란 원시시대를 말하는 듯 하나, 비코가 말
하는 '이 사회' 란 반대로 우리가 사는 시민사회를 뜻함에 주의해야 한다.

84) 《새로운 학문》, 123-124쪽 [331].

85) 《새로운 학문》, 134쪽 [349].

86) 《새로운 학문》, 113쪽 [292].

87) 《새로운 학문》, 11쪽 [4].

88) 《새로운 학문》, 94쪽 [186]-[187].

89) 《새로운 학문》, 98쪽 [211]-[212].

90) 《새로운 학문》, 101쪽 [231].

91) 《새로운 학문》, 193-194쪽 [453].

92) 《새로운 학문》, 134쪽 [349].

93) *Noum Organum*.

94) 《새로운 학문》, 519쪽 [1088].

4장 역사발전 3단계론

1) 《새로운 학문》, 102쪽 [239].

2) 《새로운 학문》, 99쪽 [218].

3) 《새로운 학문》, 103쪽 [241].

4) 《새로운 학문》, 103쪽 [242].

5) 《새로운 학문》, 533쪽 [1106].

6) 《새로운 학문》, 84쪽 [141].

7) 《새로운 학문》, 535쪽 [1107].

8) 《새로운 학문》, 83쪽 [133].

9) 《새로운 학문》, 118쪽 [313].

10) 《새로운 학문》, 90쪽 [165].

11) 《새로운 학문》, 90쪽 [165].

12) 《새로운 학문》, 90쪽 [167].

13) 《새로운 학문》, 91쪽 [172].

14) 《새로운 학문》, 12쪽 [6].

15) 《새로운 학문》, 16쪽 [13].

16) 《새로운 학문》, 91쪽 [170].

17) 《새로운 학문》, 44쪽 [51].

18) 《새로운 학문》, 90쪽 [169], 95-96쪽 [192]-[195], 152쪽 [380].

19) 《새로운 학문》, 95쪽 [192].

20) 《새로운 학문》, 95-96쪽 [195].

21) 《새로운 학문》, 45쪽 [52].

22) 《새로운 학문》, 428쪽 [922].

23) 《새로운 학문》, 149쪽 [375].

24) 《새로운 학문》, 425쪽 [916].

25) 《새로운 학문》, 95쪽 [193], 96쪽 [196]-[198].

26) 《새로운 학문》, 96쪽 [198].

27) 《새로운 학문》, 215쪽 [504].

28) 《새로운 학문》, 216-218쪽 [505]-[510].

29) 《새로운 학문》, 218-224쪽 [511]-[517].

30) 《새로운 학문》, 96-97쪽 [200]-[203].

31) 《새로운 학문》, 97쪽 [205].

32) 《새로운 학문》, 98쪽 [209], 168쪽 [410].

33) 《새로운 학문》, 97쪽 [206].

34) 《새로운 학문》, 98쪽 [211].

35) 《새로운 학문》, 99쪽 [215]-[217], 211쪽 [498], 385-386쪽 [794].

36) 《새로운 학문》, 99쪽 [218]-[219].

37) 《새로운 학문》, 99-100쪽 [220]-[221].

38) 《새로운 학문》, 150쪽 [377].

39) 《새로운 학문》, 149쪽 [376].

40) 《새로운 학문》, 166쪽 [405].

41) 《새로운 학문》, 163-164쪽 [402], 243-244쪽 [549].

42) 《새로운 학문》, 143쪽 [367]

43) 《새로운 학문》, 425쪽 [917]

44) 《새로운 학문》, 83쪽 [133].

45) 《새로운 학문》, 284쪽 [609].

46) 《새로운 학문》, 109쪽 [273], 486쪽 [1025].

47) 《새로운 학문》, 109쪽 [275].

48) 《새로운 학문》, 263쪽 [582].

49) 《새로운 학문》, 109쪽 [272].

50) 《새로운 학문》, 170쪽 [414].

51) 《새로운 학문》, 72쪽 [111].

52) 《새로운 학문》, 531쪽 [1101].

53) 《새로운 학문》, 534-535쪽 [1108].

54) 《새로운 학문》, 473쪽 [1003].

55) 《새로운 학문》, 426쪽 [918], 533-534쪽 [1106].

56) 《새로운 학문》, 99쪽 [218].

57) 《새로운 학문》, 102쪽 [239].

58) 《새로운 학문》, 534쪽 [1108].

59) 《새로운 학문》, 535쪽 [1108].

60) 《새로운 학문》, 103쪽 [241].

61) 《새로운 학문》, 103쪽 [242].

62) 《새로운 학문》, 104쪽 [245].

63) 《새로운 학문》, 52쪽 [67], 277쪽 [599].

64) 《새로운 학문》, 55쪽 [76], 308쪽 [645], 479쪽 [1014].

65) 《새로운 학문》, 84쪽 [144].

66) 《새로운 학문》, 533쪽 [1106].

67) 《새로운 학문》, 522쪽 [1094].

68) 《새로운 학문》, 522쪽 [1095].

69) 《새로운 학문》, 499쪽 [1046].

70) 《새로운 학문》, 522쪽 [1096].

71) 《새로운 학문》, 533쪽 [1106].

5장 세 시대의 언어

1) '창세기' , 2장 19-20절.

2) 《새로운 학문》, 28쪽 [32].

3) 《새로운 학문》, 487쪽 [1027].

4) 《새로운 학문》, 190쪽 [447].

5) 《새로운 학문》, 188쪽 [445].

6) 《새로운 학문》, 200쪽 [470].

7) 《새로운 학문》, 195쪽 [456].

8) 《새로운 학문》, 89쪽 [162].

9) 《새로운 학문》, 89쪽 [161], 187-189 [445].

10) 《새로운 학문》, 30쪽 [34].

11) 《새로운 학문》, 188쪽 [445].

12) E. Auerbach, "Giambattista Vico und die Idee der Philologie", in Convivium,

24, 1956, S. 56.

13) 《새로운 학문》, 162-163쪽 [401].

14) 《새로운 학문》, 102쪽 [237].

15) 《새로운 학문》, 101쪽 [227].

16) 《새로운 학문》, 183쪽 [438].

17) 《새로운 학문》, 149쪽 [376].

18) 《새로운 학문》, 165-166쪽 [405].

19) 《새로운 학문》, 190쪽 [447].

20) 《새로운 학문》, 190쪽 [448].

21) 《새로운 학문》, 192쪽 [450].

22) 《새로운 학문》, 193쪽 [451]-[453].

23) 《새로운 학문》, 193쪽 [452].

24) 《새로운 학문》, 193-194쪽 [453].

25) 《새로운 학문》, 99쪽 [219].

26) 《새로운 학문》, 98쪽 [209].

27) 《새로운 학문》, 149쪽 [376].

28) 《새로운 학문》, 392쪽 [809].

29) 《새로운 학문》, 492쪽 [1037].

30) 《새로운 학문》, 13쪽 [7].

31) 《새로운 학문》, 154쪽 [384].

32) 《새로운 학문》, 384쪽 [789].

33) 《새로운 학문》, 410쪽 [879].

34) 《새로운 학문》, 410-411쪽 [879]-[881].

35) 《새로운 학문》, 390쪽 [807].

36) 《새로운 학문》, 390-391쪽 [808].

37) 《비코와 헤르더》, 197-198쪽.

38) 《새로운 학문》, 91쪽 [173].

39) 《새로운 학문》, 178쪽 [432]. 번역서에서는 생활필수품을 교역하기 위한 것이
라고 했지만, 의문이다.

40) 《새로운 학문》, 184쪽 [439].

41) 《새로운 학문》, 195-196쪽 [460].

42) 《새로운 학문》, 189쪽 [446].

43) 《새로운 학문》, 187쪽 [444].

44) 《새로운 학문》, 169쪽 [412].

6장 비코의 자연법관

1) 《새로운 학문》, 159쪽 [397].

2) 《새로운 학문》, 158-159쪽 [394].

3) 《새로운 학문》, 119쪽 [314].

4) 《새로운 학문》, 428쪽 [922].

5) 《새로운 학문》, 428쪽 [923].

6) 《새로운 학문》, 428쪽 [924].

7) 《새로운 학문》, 25쪽 [26], 86쪽 [154].

8) 《새로운 학문》, 415쪽 [902].

9) 《새로운 학문》, 428쪽 [922].

10) 《새로운 학문》, 32-33쪽 [38], 441쪽 [950].

11) 《새로운 학문》, 492쪽 [1038].

12) 《새로운 학문》, 496쪽 [1045].

13) 《새로운 학문》, 531-532쪽 [1102].

14) 《새로운 학문》, 471-472쪽 [1001].

15) 《새로운 학문》, 113쪽 [292].

7장 비코에 대한 평가

1) 《새로운 학문》, 154-161쪽 [385]-[399].

2) Molly Black Verene, ed. *Vico: A Bibliography of Works in English from 1884 to 1994*, (Ohio: Bowling Green, 1994).

3) Benedetto Croce, *The Philosophy of Giambattista Vico*, Translated by R. G. Collingwood, (London: 1913, repr., 1964).

4) 이상현 역, 《역사학의 이상》(백록출판사, 1976). 원제는 *The Idea of History*.

5) 이석우 역, 《역사의 의미》(탐구당, 1990).

6) 김희준은 《역사철학의 이해》(고려원, 1995) 152쪽에서 콜링우드와 뢰비트를
1970년대라고 했지만 오류이다.

7) *The Philosophy of Giambattista Vico*, (London: Allen and Ubwin, 1913).

8) 뢰비트의 설명에 근거한 비코 설명의 보기로는 강대석, 《새로운 역사철학》 (한
길사, 1991), 42-52쪽 참조.

9) 위의 책, 196-197쪽.

10) Eugenio garin, 'Vico and the Heritage of Renaissance Thought', trans., B. A.
Haddock, In *Vico:Past and Present*, ed., Giorgio Tagliacozzo, vol. 1, pp. 99-
116.

11) Ernesto Grassi, *Vico and Humanism: Essays on Vico, Heidegger, and Rhetoric*,
(New York: P. Lang, 1990).

12) 《새로운 학문》, 134쪽 [349].

13) 비코 연구기관으로서는 1986년 나폴리에 설립된 비코연구센터(Centro di
Studi Vichiani)와 뉴욕의 비코연구소(Institute for Vico Studies)가 있다. 각각
Bollenttino del Centro di Studi Vichiani(1971년 창간)와 *New Vico Studies*
(1983년 창간)를 간행하고 있다.

처음으로 돌아가라
– 비코의 생애와 사상

지은이 ㅣ 박홍규

1판1쇄 펴낸날 ㅣ 2005년 12월 10일
1판2쇄 펴낸날 ㅣ 2018년 10월 10일

펴낸이 ㅣ 이주명
편집 ㅣ 이성원 문나영
표지디자인 ㅣ 전태호
본문디자인 ㅣ 예티
출력 ㅣ 문형사
종이 ㅣ 화인페이퍼
인쇄 ㅣ 한영문화사
제본 ㅣ 한영제책사

펴낸곳 ㅣ 필맥
출판등록 ㅣ 제25100-2003-000063호
주소 ㅣ 서울시 서대문구 경기대로 58, 606호 (충정로 2가, 경기빌딩)
홈페이지 ㅣ http://www.philmac.co.kr
전화 ㅣ 02-392-4491
팩스 ㅣ 02-392-4492

ISBN ㅣ 89-91071-27-9(03990)

잘못된 책은 바꾸어 드립니다.
값은 뒤표지에 있습니다.

이 도서의 국립중앙도서관 출판시도서목록(CIP)은 e-CIP 홈페이지(http://www.nl.go.kr/cip.php)에서 이용하실 수 있습니다.(CIP제어번호: CIP2005002464)